困難を抱える女性を支える

女性を支える

戒能民江 Kainō Tamie
堀 千鶴子 Hori Chizuko
［編著］

Q&A

女性支援法をどう活かすか

解放出版社

はじめに

戒能民江

支援することと支援されること

　「支援」とは難しい言葉だと思います。婦人保護事業がつくられて以来、ずっと続いてきた「保護し更生させる」「指導する」という世界から抜け出して、やっと変わるんだ、今までと違う「支援」のあり方をつくりだすのだと言っても、まだ「支援」にとどまっているのです。それでよいのかと自問自答が続きます。だから、「伴走型支援」や「よりそう支援」など、支援する側と支援される側の関係性を何とかしたいと、みな苦闘しているのかもしれません。

　こんなことを考えるきっかけとなった一通のメールがあります。メールの送り主であるAさんと知り合ったのはずいぶん前ですが、市民活動の場で、ときどきお会いするだけです。Aさんは個人的なこともたくさん聞かせてくれます。学校に行けなかったから、「お日様がどこから上がるのかも知らないんだよ」と教えてくれましたが、義務教育を受けない自分を想像したことがない私にとっては驚きでした。でも、私は「そうなのかあ」とうなずくだけでした。

　新たなステップを踏み出したと知らせてくれたAさんからのメールには、「長い間応援してくれてありがとう」と書いてありました。その後に続く、「これからは、お互いに応援しあいたい」というメッセージに、私ははっとしました。

　そんな時に別の気づきの機会がありました。お二人とも「支援する」立場なのですが、別々の機会に、同じ言葉を発したのが印象的でした。それは「横並び（の支援）」ということです。お一人は「相談員」を辞めて初め

3

て「横並びに」なれたと語りました（中村明美さん）。もうお一人は、自分たちの支援は隣人としての支援であり、「横に並ぶ支援」だとおっしゃいます（NPO法人くにたち夢ファーム Jikka 遠藤良子さん）。お二人から、横に並ぶ相手は、行政用語で言う「支援対象者」ではなく、この「生きづらさ」に覆われた社会で、意思を持って共に生きる女性たちであること、私もその一員であることを学びました。

また、全国的なホットラインの座談会では、「横に並んで同じ景色や相談を見る」のは、「向き合ってしまうと困っている人の見ている景色が見えない」からだと語っています（一般社団法人社会的包摂サポートセンター）。

▌本書の趣旨

2022年5月、「困難な問題を抱える女性への支援に関する法律」（以下、女性支援法）が成立し、2024年4月に施行されます。女性支援法は、女性を中心とした超党派議員の議員立法です。女性支援法は、1956年の売春防止法（以下、売防法）制定に伴い創設された「婦人保護事業」を、根拠法の売防法から切り離すとともに、困難に直面する当事者の女性を真ん中にした支援の仕組みを新たに構築することをめざすものです。新法制定までに66年間もかかりました。日本の社会で、困難な問題を抱えた女性の人権がいかに軽視されてきたか、人びとの関心が薄いまま、社会の隅っこに置かれつづけてきたかが、ここからもわかるのではないでしょうか。

女性の困難は一つではありません。一生の間で、また、ライフコースのそれぞれの段階で、さまざまな問題が降りかかり、女性は「生きにくさ」を感じながら、何とか潜り抜けていく。そんなことの繰り返しかもしれません。

でも、そばに誰かいて話を聞いてくれるといいのにとか、どうすればいいのかを一緒に考えてくれる人がほしいと思っても、女性たちは必ずしも、すぐに相談窓口に行くわけではありません。持ち合わせのお金が一銭もなくなったとか、このままでは相手に殺されるかもしれないなど、本当にギリギリになってから駆け込むかもしれません。どうせわかってくれないだ

ろうと建物の前で引き返すかもしれません。

　この間のコロナ禍が社会に与えた影響は計り知れないものでしたが、とりわけ、女性への影響の深刻さが指摘されています。日本でも、女性が多い非正規雇用の減少やステイ・ホーム下でのDV相談の激増、女性の自殺件数の増加などが、内閣府の調査でも明らかにされていますが、男女格差拡大の是正が進まないなかで今後の不安が募ります。

　2020年秋に起きた、仕事もすまいも失って、バス停で路上生活を送っていた女性が殴られて亡くなった事件は忘れられません。支援になぜつながらなかったのか。こんなことが起きてはならないと多くの人が考えていると思います。

　女性支援法施行を機に、女性支援のあり方をどう変えていくのかが問われています。本書を読んでくださるみなさんと「横に並んで」ともに考えたい、そのきっかけにしたいと思い、本書を刊行することにしました。

本書の構成と大事にしたい視点

　本書は女性支援法の解説書ではありません。女性支援法を基軸に据えながら、より広く、女性支援について考えるための材料を提供するものです。ですから、女性が直面する困難や女性支援の現状にまず関心を持っていただきたいと考え、実際に女性支援に携わっている方がたや行政の方がたにも執筆していただきました。

　本書の構成は、次の通りです。第1部「女性支援法のポイント」では、女性支援法制定の意義や基本理念、誰が対象になるのかなど、基本的な問題に迫ります。第2部「女性支援の担い手」では、国や地方自治体、公的支援機関、民間支援団体の役割や支援活動、協働体制について考察し、第3部「支援はどう変わるのか──支援の基本姿勢と支援内容」で支援がどう変わるか、そのために必要なことについて検討します。

　本書を通して、女性の現状と女性支援について少しでも考えていただき、支援を必要とする女性たちすべてに支援が届くことを願っています。

第 1 部

女性支援法のポイント

Q1
新しく成立した女性支援法の意義、ねらいについて教えてください

戒能民江

女性支援法の成立──婦人保護事業から女性支援事業へ

　2022年5月、「困難な問題を抱える女性への支援に関する法律」（以下、本書では、女性支援法とする）が成立しました。施行は2024年4月1日です。

　日本では、国による「直接的な女性支援」は「婦人保護事業」として行われてきました。婦人保護事業は、1956年の売春防止法（以下、売防法）制定に伴い、同法第4章「保護更生」を法的根拠に創設されたものです。女性支援法は、「婦人保護事業」を売防法から切り離すと同時に、女性支援の新たな枠組みの構築をめざしています。

　女性支援法前の婦人保護事業の目的は、「売春する女性や売春するおそれのある女性」（「要保護女子」）の「保護更生」にあります。売防法上、売春も買春も禁止されるものの、個別の買春行為や売春行為は処罰されません。売防法の下では、売春の勧誘を行った人（第5条違反）と斡旋業者や売春強要などが売春助長行為として処罰されます。売春助長行為を処罰することで、売春防止を図ろうとしたのが売防法です。同時に、処罰された女性が、受刑後に「売春」を繰り返さないように、「保護更生」の場として婦人保護事業3機関（婦人相談所、婦人相談員、婦人保護施設）を創設しました。

婦人保護事業の果たしてきた役割と限界

　婦人保護事業から新たな女性支援への転換に66年もかかりました。日本社会が、困難に直面した女性の人権を軽視してきたことがわかります。

　性売買の実質的生き残りを図った性風俗産業によって買売春が地下に潜って見えにくくなった一方で、日本社会の急激な変容に伴い女性の生活も

12

大きく変化し、離婚や家族問題、貧困など、多様な生活課題の相談が増えていきました。そこで、婦人保護事業は売春防止目的を維持しながら、事実上、「女性のための総合相談機能」を果たすようになりました。

しかし、売防法に基づく婦人保護事業では、多様化し複雑化する女性のニーズに十分応えられず、支援する側からは、支援の限界が指摘されるようになってきたのです。

婦人保護事業による女性支援の限界

第一に、売防法には、そもそも「支援」概念がありません。各都道府県にある一時保護所への女性の「保護」が中心となり、一時保護所や婦人保護施設では、支援ではなく、集団生活を行うための「指導」が行われ、携帯電話の規制や外出制限などの「規則」の遵守（じゅんしゅ）が求められてきました。売防法の「売春する女性」への差別的な思想に基づく、管理的な「上から目線」による対応だったといえます。また、一時保護後の中長期的な自立支援を行う法的根拠がなく、肝心の生活再建のための継続的な支援は不十分でした。

第二に、安全を守るための一時保護所入所のハードルが高く、利用しにくいのです。一時保護所入所の可否を決めるのは都道府県（婦人相談所長）ですが、一時保護の要件や期間などについては何も定められていません。保護を必要とする緊急性の有無のほかに、「一時保護所退所後の見通しがあること」や「離婚意思が固まっていること」など、安全・安心できる環境を得て初めて考えられることが入所時に求められます。近年、相談件数の増加に反比例するように、一時保護件数は減少傾向が続いています。

政治を動かした支援現場の声

2015年に婦人保護施設の全国組織「全国婦人保護施設等連絡協議会」（全婦連）が「売春防止法改正実現プロジェクトチーム（PT）」を設置し、新法制定運動に本格的に取り組み始めました。全婦連PTの国会議員へのロビイング活動が功を奏し、与党PTが「性犯罪・性暴力被害根絶のための10

の提言」を公表しましたが、そのなかで「婦人保護事業の抜本的見直し」が初めて、政治課題になりました。提言を受けて、厚生労働省は「困難な問題を抱える女性への支援のあり方に関する検討会」を設置し（2018年）、翌2019年に婦人保護事業を売防法から切り離すことと女性支援法制定の提言を行いました。

女性支援法で何が変わるのか——支援の理念を明記した新法

女性支援法では、女性の人権を保障する女性福祉の構築をめざし、当事者中心主義と民間団体との協働による多様な支援の包括的な提供という理念が明記されました。

新法は、「女性が女性であることにより」、私的生活であれ社会生活であれ、困難に直面したら支援を受けられること、支援によって人権が尊重され、安心して自立した生活ができるような男女平等な社会をめざすことを目的に掲げています。女性の困難を生み出すのは個人の自己責任ではなく、社会のあり方の問題なのです。

新法の対象は「困難に直面するすべての女性」であり、年代や国籍、障がいの有無、文化的背景を問いません。また、性暴力やDV、性虐待、性搾取被害に限らず、居場所の喪失や経済的困窮、孤立なども対象とし、障がいのある人や外国人など、複合差別の視点も重視しています。

従来の婦人保護事業は、高齢者福祉や障がい者福祉など他の施策が使えない場合のみを婦人保護事業の対象としてきましたが、新法では、相談の入口で、できるだけどんな相談にも応じ、一人ひとりの意思を尊重しながら、多様な機関や民間団体と連携・協働して、本人にとって最適な支援を行うこととしました。

民間団体との協働で女性支援が変わる

女性支援の現代的課題として、若年女性への支援があります。近年、政府は、若年女性の困難にようやく目を向け始めましたが、行政が行ってこなかった若年女性への支援を地道に続けてきたのは民間の支援団体です。

　民間団体の特徴は徹底した当事者中心主義と一人ひとりの支援の尊重にあります。いわば、これまでの公的機関の支援とは対極にある考え方による支援です。もちろん、若年女性に限らず、中高年女性や複合差別を受ける障がいのある女性や外国籍女性、風俗で働く女性などにも支援は十分届いていません。日本社会が生み出す「女性の困難」の現実を踏まえた支援への転換を図るためには、先駆的に支援を行ってきた「民間団体との支援の協働」が必要です。

国や都道府県だけでなく、市町村も支援の責務を担う

　新法では、市町村（以下、特別区を含む）の支援の責務がはじめて規定されました。今後、市町村の役割は大きくなっていくと思われます。2023年3月末に国が公表した「困難な問題を抱える女性への支援のための施策に関する基本的な方針」（以下、基本方針）に基づき、都道府県が基本計画を策定し（義務）、市町村が基本計画を策定することになります（努力義務）。国の基本方針では、支援の基本姿勢や施策の内容と体制が定められていますが、国や地方自治体の役割と責務、民間との連携体制づくりの指針も定められています。

　市町村は最も身近な自治体であり、その役割は重要です。市町村は、支援の端緒から生活再建まで一貫して支援を担い、福祉サービスの実施主体でもあるからです。市町村でも基本計画の策定が望まれます。計画づくりのために、地域の女性や支援の実態を把握し、当事者や支援機関、団体とともに自治体の支援の課題を明らかにすることが大切です。

　これまで都道府県ごとに異なっていた一時保護基準や公的支援機関の業務について、ようやく統一した基準が、政省令で定められたことも特筆すべきです。さらに、新法制定によって、国の専門部署として社会・援護局に「女性支援室」が新設されたことも画期的です。

　また、女性支援法では支援調整会議の設置が自治体の努力義務となりましたが、形だけの会議とならず、地域における支援体制の充実強化につながるように、具体的な組織体制や会議の性格など、十分に検討すべきです。

Q2
女性支援法の基本理念とその意義について教えてください

■戒能民江

‖画期的な「基本理念」の明記

売防法第4章に法的根拠を置いていた「婦人保護事業」は、「要保護女子」の「保護更生」および補導処分（第3章）によって、「売春の防止を図ること」を目的としていました。売春防止の目的について、売春が「人としての尊厳を害」するという個人的法益を冒頭に掲げながら、そのすぐ後に「性道徳に反し、社会の善良の風俗をみだすもの」という、道徳観念に基づく社会的法益侵害を強調しており、社会の婚姻秩序や性道徳の維持に主眼があったといえます（第1条）。

新たに制定された女性支援法では、法目的として、①女性は、女性であるがゆえに日常生活や社会生活を送るうえで困難な問題に直面することが多いこと、②困難な問題を抱える女性の福祉増進のために女性支援に必要な事項を定めて、女性支援施策を推進すること、③女性支援を進めることによって、人権が尊重され、女性が安心して、自立して暮らせる社会の実現に寄与することをあげています（第1条）。そして、女性支援法における「困難な問題を抱える女性」の定義を示したうえで（第2条、Q5参照）、支援施策についての三つの基本理念を掲げています（第3条）。

女性支援法は、日本社会では、女性は女性であるがゆえに困難に直面せざるをえず、女性が安心して自立した生活を送るには、女性への支援が必要なこと、女性支援施策推進のための基本事項を女性支援法で定めることを宣言しています。このように、本法では、従来まったく欠けていた支援施策の基本理念を明記しており、画期的です。本法の基本理念は、困難に直面した女性に限らず、あらゆる女性支援施策の羅針盤となるものです。

女性支援の三つの基本理念

女性支援法第3条は、女性支援施策が下記の三つの基本理念に基づいて行われなければならないとしています。

第一に、女性一人ひとりの意思が尊重されたうえで、抱えている問題とその背景、心身の状況に応じた「最適な支援」の提供を謳（うた）っています。そして、「最適な支援」を受けることで、「福祉の増進」が図られるように、発見、相談、心身の健康回復のための援助や自立援助などの「多様な支援を包括的に提供する体制」の整備を求めています。

第二に、女性支援は「関係機関や民間団体との協働」によって行われることで、「早期から切れ目なく実施」されなければなりません。

第三に、これらの女性支援は「人権の擁護」とともに、「男女平等の実現」をめざします。

これらの基本理念の大枠は、第三の「人権擁護と男女平等」以外は、2019年に公表された、厚生労働省「困難な問題を抱える女性への支援のあり方に関する検討会」の「中間まとめ」（という名の最終提言）の「（3）新たな制度の下で提供される支援のあり方」に、すでに示されていることに注目すべきです。なお、これらの基本理念は、規定がない場合も含めて、女性相談支援センターや女性相談支援員、女性自立支援施設ならびに女性支援にあたる民間団体や機関、自治体などで遵守されなければなりません。

女性一人ひとりの意思の尊重

三つの基本理念のなかで最も重要なのが「自己決定の尊重」です。私たちは、状況や立場の違いはあれ、日々の生活のなかで選択を迫られることがよくあります。「女性の人生は選択の連続だ」とも言われてきましたが、本当に自分の意思に従って選択できたのかどうか、結局、「女はこうすべき」という世の中の固定観念の圧力が強く、自己決定の自由があったのか、疑問に思う方も多いのではないでしょうか。また、選択の結果が思わしくなくても、「自分で決めたことだから」と自分が悪いと思い込むことがあ

る一方で、なかなか決断できずに悩んでいると「自分で決められない人だ」と批判されることさえあります。

　困難な問題に直面した場合はもっと難しいといえます。たとえば、夫からの暴力がやまず「もう別れたい」と思ったときに、あなたは、すぐ相談窓口を探して相談できるでしょうか。相談窓口で「それはDVだからすぐ逃げて。一時保護してもらわなければ」と言われて、即座に、一時保護所入所の決断を下すことができるでしょうか。

　内閣府の「男女間における暴力に関する調査」では、「別れたい」と思って実際に別れたのは約16％にとどまります（2020年調査）。相談する人の多くは、相談するまでにたくさんの出来事が重なり、子どものことや経済力など将来の不安、暴力夫からの追跡の恐怖、世間体や恥ずかしさなど、感情や気持ちが揺れて決断できないことが多いのです。

　また、DV防止法に基づく国の基本方針では、一時保護の決定基準として「被害者本人の同意」を要件としており、一時保護を認めない理由として、しばしば「本人の不同意」があげられます。しかし、「本人の不同意」が十分な情報提供のうえで任意に行われたかどうかの検証が必要です。厚生労働省の「婦人保護事業等における支援実態等に関する調査研究」（2018年）によれば、「不同意」の理由で一番多いのは、一時保護所に入所すると「通勤や通学ができない」、以下、「スマホが使えない」「外出が自由にできない」と続きます。入所の判断を行う際に、このようなマイナス要因ばかり説明されるのでは、「一時保護はやめておきます」という消極的な「不同意」の回答になるのは当たり前です。

　女性支援法が基本理念の中核に「本人の意思の尊重」を据えたのは、婦人保護事業による支援の反省に基づきます。支援のすべての段階で一番大事なのは「個人の意思尊重」であり、そのためには、意思決定のための十分な情報提供と意思形成過程への支援が不可欠です（詳しくはＱ３を参照）。

‖自立支援と心身の健康回復のための援助

　女性支援法は、支援施策の基本理念として、発見と相談に続いて、心身

の健康回復のための援助と自立して生活するための援助などの多様な支援
の包括的な提供体制の整備を定めています。

　自立支援の意味については、女性支援法の立法過程において議論が行われましたが、基本方針は、自立支援とは「経済的な自立」のみをさすものではなく、「個々の者の状況や希望、意思に応じて、必要な福祉的サービス等も活用しながら、安定的に日常生活や社会生活を営めることを含む」とし、「本人の自己決定と自己選択」が重要だとしています。就労などによる経済的自立だけで十分なのではなく、社会的孤立に陥ることなく安定的な暮らしを送り、人権が保障され、豊かな人間関係が築けるような社会生活が選択可能な生活のあり方を実現するための支援が必要です。

　また、自立支援に向けての第一歩として、心身の健康支援が大事です。困難な状況の下では、必要な医療さえ受けられなかった人が多いからです。とりわけ、性暴力や性虐待、性的搾取などの性被害を受けて心身に深い傷を負った場合は、心理的ケアや医療などによる被害からの回復が不可欠です。「心身の健康の回復」には、被害回復を含むこと、被害回復には時間がかかること、さらに専門的ケアが必要なことに留意が必要です。

人権擁護と男女平等社会の形成

　女性支援法は基本理念のまとめとして、人権擁護と男女平等社会の形成への寄与を掲げました。

　前述のとおり、売防法の目的は、性道徳と社会風俗の「乱れ」からの社会防衛です。従来の婦人保護事業は、当事者の人権擁護や人権保障のための支援ではなく、社会の道徳的観念からの逸脱を非難し、道をただして救済するという思想に支配されていました。女性支援法制定によって、ようやく道徳的観念からの解放が図られました。

　また、「男女平等の実現」が個別法で使われる例は少なく、本法は画期的です。女性の困難を生み出すのは、まさしく性差別の社会構造であることを明確に示しています（Ｑ５参照）。

Q3
「当事者の意思の尊重」が法律の理念の中心に据えられているのはどうしてですか？

堀 千鶴子

「当事者の意思の尊重」の意義

　社会福祉は、人間を行為や業績によって判断するのではなく、人間の存在それ自体を認めようとする「人間の尊厳」を根本的価値としています。それは、人は存在自体に価値があるとする観念にほかなりません。そして、人間の「尊厳の尊重」をなすための社会福祉の支援理念の一つに、当事者が主体的に生きることを支える、すなわち当事者の「意思の尊重」があります。

　これまでの売防法体制下での婦人保護事業は、法的には保護更生を目的としたものであり、売防法には当事者の意思の尊重といった理念は含まれていませんでした。しかし、困難な問題を抱える女性に「最適な支援」を提供するためには、当事者がどのように生活したいかといった選択や決定など、当事者の意思を尊重することがきわめて重要となります。女性支援法には、社会福祉に関わる法律として重要な当事者の「意思の尊重」が基本理念（第3条）として盛り込まれました。そのことは、これからの女性支援事業が、従前の売防法体制に基づく婦人保護事業のパラダイムから大きく転換したことを示しています。支援に携わるすべての者は、「当事者の意思の尊重」といった理念を、自らの支援の根底に据える必要があります。

「当事者の意思の尊重」を実現するための意思決定支援

　当事者の意思を尊重するためには、本人による意思の決定や表明が求められるため、混乱や困惑状態などにあり判断や選択ができない、あるいは意思を表明しない当事者に対して、支援者が「自分で決めることのできな

い人」「判断能力がない人」とのレッテルを貼ってしまうことがあります。しかし、困難を抱えている女性のなかには、長く暴力などで支配されたり、抑圧されたりといった生活を強いられてきた人が少なくありません。そうしたなかで、支配者・加害者などの意見や意向に従うことを強制され、自分で決めることを放棄せざるをえなかったり、自らの意思を表明することができなかったりなど、意思決定・表明の力を奪われていることがあります。当事者の意思の尊重とは、ただ本人の意向や決定を問うことや、本人が決定、表明するのを待つことではありません。支援者には当事者が置かれた状況への深い理解の下、エンパワメントの視点に立ち、当事者が自分の力で意思決定するまでのプロセスに丁寧に関わることが求められます。

　一方で、意思決定の尊重とは、本人の「自己責任」の下に、その意向や決定すべてを支援者が受け入れるものであると誤解されていることがあります。たとえば、支援者が本人の本当の「望み」や「要求」を引き出せていない場合や、公共の福祉に反する場合など、安易に本人の決定を受け入れ、支援を進めることが適切とはいえない場合があります。支援者は、決定が必要な内容に関わる当事者の考えや価値観を丁寧に聴きとり、当事者に必要な情報や選択肢を十分に提示しながら、本人の真の望みは何かを理解し、納得いく方向へ何度でも話し合いを繰り返すことが重要です。当事者の決定を支えるこのようなプロセスに関わることが大切であり、その際には見学や体験などのシミュレーションが重要になる場合も多くあります。「婦人保護事業等における支援実態等に関する調査研究」（2018年）によれば旧婦人相談所が、「支援対象者が婦人保護施設（現女性自立支援施設）入所につながらない理由」としてあげた回答では、若年女性や同伴児童のいる女性、妊産婦、外国籍の女性の場合「本人の同意が得られなかったため」であるとの理由が最も高い割合となっていました。婦人保護施設へ入所するか否かは、支援対象者にとって非常に大きな選択ですが、施設入所前の見学などはほとんど実施されておらず、判断できる情報は乏しいといえます。本人の選択、決定を支える情報提供のあり方を検討することが望まれます。基本方針において、「施設への入所決定前に、支援対象者本人が施設

の見学や体験宿泊を行い、事前説明を受ける機会を設ける」と明記されているのは、それゆえです。そのうえで、納得いく方向への丁寧な話し合いといったプロセスを経ることが意思決定支援には大切です。

当事者の意向を引き出すためには、支援者との信頼関係も重要な要素となります。支援者が自らの価値観を押しつけることなく、支援対象者の個別性を尊重し、非審判的態度で関わり、受容や共感的理解を行うといった支援の基本姿勢は、支援対象者の尊厳を保持する関わりであり、信頼関係を形成するうえで欠かせません。こうした信頼関係なくして、支援対象者の意向や決定を引き出すことは難しいといえます。

また、当事者が自由に考え、自由に選択するためには、当事者自身が自分の考えに気づく必要があります。そのためにはまず、当事者が自分に決定権があると真に理解するよう支援していくことが必要です。そして、当事者の考えの整理を手伝い、本当に自分の欲していることを理解できるように支援することが求められています。

当事者の意思決定を尊重するためには、それを担保するための仕組みが必要となります。たとえば、介護や障がい領域で導入されている「ケアマネジメント」は、当事者の決定を担保するための仕組みです。ケアマネジメントにおいて実際の会議の場である、サービス担当者会議などのケア会議は、当事者や家族が参加し、当事者が主体となる場です。女性支援においては、当事者の意思決定を担保するものとして「支援調整会議」（個別ケース検討会議）が想定されます（Q19参照）。会議では当事者の意向を共有し、当事者主体で進めることが肝要となります。

当事者の意思の尊重のためには、上述したように支援者が当事者の意思決定に関わるプロセスを支援し、意思決定を担保する仕組みが必要です。それらにおいて何より大切なのは、常に「当事者主体」であることを支援の基盤とすることです。

Q4
女性支援になぜ民間団体との協働が必要なのでしょうか？

■ 戒能民江

女性支援法の考え方は？

　女性支援法は、関係機関及び民間団体との協働によって、早期から切れ目のない支援を行うことを基本理念の一つとして掲げています（第1章「総則」第3条第2号）。第3章「女性相談支援センターによる支援等」によると、自治体は民間団体との協働による支援を行うこととし、その際に、行政は民間団体の自主性を尊重し、民間団体は当事者の女性の意向に留意して業務を行わなければなりません（第13条）。さらに、国及び自治体には民間団体への「必要な援助」を行う努力義務が定められています（第4章 雑則 第19条）。また、自治体が費用を負担して民間団体に事業を委託すること（第20条第1項第6号、同第3項）と、民間団体の女性支援の活動費用を「全部又は一部」を補助できると定めています（第21条第2項）。その場合、国は「予算の範囲内」という限定付きながら、自治体が補助した費用の「全部又は一部」を補助できるとしています（第22条第3項）。

　このように、女性支援法では、民間団体との支援の協働が、①早い段階での支援ニーズの把握と中長期的な支援を継続して行うため、②当事者の意思を尊重した支援を行うために必要であり、協働の支援には民間団体の自主性が尊重されるべきことを明記しました。

　また、新たに、民間団体の支援活動を支えるための援助（財政援助を含むと解釈される）を自治体の努力義務とし、従来から行われてきた委託事業のほかに、自治体は民間団体の活動費への補助ができることが定められており、民間団体との協働の実効性を担保する仕組みが不十分ながら整備されました。国及び自治体の民間支援団体への「恒常的な財政支援」の仕組み

づくりが今後の課題です。

　新法運用の指針である基本方針では、独自の女性支援を行っている民間団体の存在と、柔軟性のある支援という民間団体の特色を指摘したうえで、活動のなかで蓄積されてきた知見や経験、人材の女性支援にとっての有効性を述べており、行政と民間団体間の双方の特色を生かし、補完しあいながら「対等な立場で協働」することを求めています。

女性支援のパラダイム転換をめざして

　「民間団体との協働による女性支援」という考え方は、2000年代末以降、地道に活動を進めてきた「若年女性を支援する民間団体」に着目することで生まれた、女性支援の新しい発想です。いわば、従来の、形式的な「民間団体との連携・活用」を超えた視点であり、支援における行政と民間団体との文字通りの「協働」をめざしています。

　「民間団体との協働による女性支援」の目的は、女性支援の基本理念である「当事者中心主義の支援」の実効性を担保することにあります。そのためには、婦人保護事業を、法的根拠であった売防法から切り離すだけでは不十分であり、女性支援のパラダイム転換が不可欠です。立法者は、女性支援のあり方を変えるには、民間支援団体とともに支援を行い、民間支援団体の活動の経験や知見に学ぶ必要があると考えたのです。「民間団体との協働による女性支援」という提案は、次のような問題提起につながります。

　第一に、民間支援団体の活動の経験や知見を通して「当事者中心主義」の支援のあり方を学び、女性支援の基本姿勢を抜本的に変えていくこと。第二に、民間団体と行政の関係性の問い直し。第三に、若年女性を支援する民間団体に着目することで、現代社会における女性の困難および困難を生み出す構造を再発見し再認識すること、の3点があげられます。

　民間団体の女性支援の特徴として、先駆性や多様性、柔軟性、専門性などがあげられますが、困難に直面する女性への支援にとって最も重要なことは、当事者性の徹底と一人ひとりへの支援（個別支援）および中長期の伴

走型支援の実践です。若年女性支援団体では、当事者と比較的年代が近く当事者であった経験のある支援者が多い場合がありますが、必ずしもすべてがそうではありません。当事者性を持つことは、実際の支援の場で問われますが、「上から目線」に気づくこともなかなか難しいことです。「被害者らしい被害者像」に無意識にとらわれている自己との葛藤にも向き合わざるをえません。

若年女性と支援の間の溝

そもそも、なぜ若年女性を支援する必要があるかというと、若年女性は「相談・支援に最も遠い存在」だからです。自分の経験や気持ちを言語化するのが苦手であり、大人を信頼していない、自尊感情を持てず自己評価が低く、自分が悪い、相談する資格などないと思っている若い人たちにとって、相談のハードルは高く、とりわけ、公的機関は遠い存在なのです。公的支援機関も対応に苦慮しているのが本音だと思われます。

しかし、国のデータを見てもわかるように、若年女性は性暴力・性虐待・性搾取被害を最も多く経験しています(法務省「犯罪白書」、警察庁「犯罪統計」、内閣府「男女間における暴力に関する調査」)。また、家族問題や経済的困窮も切実です。性的被害を受けても、公的機関へ相談する人は少なく、また、性的被害を受けた若年女性に対する社会の「視線」にはゆがみがあります。ネットの世界では、性的消費・性的搾取の対象となった女性たちへの非難と「自己責任論」のオンパレードであり、偏見と差別に満ちています。しかし、「あなたのせいではないよ」という声が届かないままだと、彼女たちは自己責任論を内面化し、自分を責めるしかありません。

また、若い女性の現実や困難が社会的に見えにくいことから、支援ニーズが顕在化せず、制度も社会資源も乏しいことや、民法の「未成年者契約取消権」の対象年齢が変わって AV 出演契約の取り消しができなくなるなど、社会課題としてとらえられないまま制度の谷間に置かれていることも、支援につながらない要因となっています。

民間女性支援団体の支援

　第一に、女性たちに届きやすい方法で支援へのガイドをしていることです。街頭やネットでのパトロールなどのアウトリーチ（Q15参照）や安心して話すことができる居場所づくり（Q16参照）、若い世代がアクセスしやすいSNS相談、オンライン相談などが行われています。第二に、DV被害者支援団体にも共通しますが、長期にわたる継続的な支援。「切れ目のない支援」といっても、実際は、世代を問わず、たびたび途切れてしまう。でも、また戻ってきた時は、しっかり手をつなぐ。当事者の気持ちを大事にする伴走型支援といえます。第三に、必ずしもすぐに問題解決を求めるのではない支援やふだんのくらしを取り戻す支援、生活のなかでの時間をかけた被害からの回復など、既存の制度に合わせるのではなく、ニーズに柔軟に対応した支援です。第四に、アウトリーチからアフターケアまでの長期にわたる包括的支援。シェルターや宿泊施設、住宅の提供、医療機関や警察などへの同行支援、司法支援などの専門的支援（Q10・11・12・15・16参照）が包括的に行われています。また、積極的な社会的発信や従来の閉鎖性を打破する、地域に開かれた支援なども注目されます。このような支援の基本姿勢や思想の明確さも民間団体の特徴です。

民間団体と行政の対等な関係での協働へ

　民間支援団体は、財政難や支援の担い手不足のなかで、まさに女性支援法のめざす支援を先取りしてきたといえます。しかし、休止や閉鎖に追い込まれる団体もあり、ネット攻撃などの苦難にさらされる事態が生じています。民間団体の地域的偏在や行政との関係性の見直しは大きな課題です。地域に民間団体がないという自治体の声も聞きますが、民間団体を地域につくろうという女性たちの動きを支援することや女性支援の関連団体の活動にジェンダー視点を組み込んでいく努力が求められます。相互の特徴や長所を生かし、民間団体の自主性を尊重して、対等な立場を堅持しながら、共に支援に取り組む経験を積み重ねていくことが必要です。

官民連携の国立市女性パーソナルサポート事業の実践

吉田徳史

民間と連携した女性パーソナルサポート事業の創設

　東京都国立市は人口約 76000 人。4 名の女性相談支援員（旧婦人相談員）がインテーク（初回面談）から支援までを一貫して担い、他部署と連携して日々支援にあたっています。2019 年度から市内の民間女性支援団体「NPO 法人くにたち夢ファーム Jikka（以下、Jikka）」との連携事業である「女性パーソナルサポート事業」を実施しています。

　本事業の創設は、それまでの女性支援の 2 つの課題がきっかけとなりました。1 点目は、DV などのさまざまな事情により自宅から避難することが必要な女性が一時保護施設を利用する場合、安全性を確保するために外出制限や携帯電話などの通信機器の使用制限などのルールがありますが、そのルールを理由に一時保護を選択することができない方が毎年 10 件近く見られたことです。

　2 点目は、DV などの困難な状況におかれた女性に対して、行政は一時保護や生活保護制度などのセーフティネット制度により、窮迫した状況から脱却を図ることを支援しますが、自立に向けては長期間の継続的支援が必要な方もいます。しかしながら、旧婦人相談員やケースワーカーは緊急性の高い相談に日々追われ、時間的制約や限られた人員体制から長期的な支援に関わることが難しく、緊急的な課題は解消されたものの、数年後に再び困難な状況に陥り相談につながる女性が顕在化したことです。

民間と行政が協働で構築した居場所の提供と継続的支援

　上記 2 点の課題を市の旧婦人相談員と Jikka 相談員とで検討を行いました。そして、一時保護施設の利用を選択しない、または選択することができない方には、短期間の滞在場所を提供する「短期宿泊事業」、中長期的な支援が必

要な方に対しては、民間女性支援団体による継続的な支援を行う「自立支援事業」の2本の柱で事業を構成し、制度の狭間に陥る女性のエンパワーメントを図る「国立市女性パーソナルサポート事業」が誕生しました。

2019年にスタートした本事業は、短期間の宿泊先として都内のホテルやシェアハウスなどと提携、2021年度には市内にも一時的な宿泊が可能な居室を整備するなど、複数の宿泊先を準備しました。また、宿泊利用中の就労や通学、携帯電話などの使用も相談者の希望、状況に合わせ柔軟に判断しています。

利用にいたる理由はさまざまで、一時保護的な利用や転居先が決まるまでの利用、家族などからのレスパイト的利用などがあります。また、生活保護やしょうがい、介護、子育てなど他部署が支援している女性も利用できるようにしています。

自立支援事業は Jikka に事業委託し、継続的な相談対応や通院、弁護士事務所などへの同行支援、居場所の提供などを委託しています。当市の女性相談支援員と Jikka 相談員は相談者本人の同意のもと支援状況の情報共有を密に行っています。コロナ禍では外出しにくい状況があり、継続的支援が必要な相談者が市役所や Jikka 事業所に訪れることが減った状況を見て、自宅などに Jikka 相談員が訪問し、相談や生活支援などをサポートするアウトリーチ型の支援機能を追加しました。

制度の狭間を補う柔軟な支援へのニーズの高まり

本事業は制度の狭間を補完する支援策として、年間数件程度の利用を想定していましたが、新型コロナウイルス感染症が拡大した2020年以降、市の女性相談や男女平等参画センターの相談件数はコロナ以前の約2倍近く増加し、同様に Jikka への相談件数も増加しました。その結果、本事業の利用件数は当初の想定を超え、これまでに短期宿泊約250泊、自立支援延べ約2500件の支援実績となりました。

Jikka は国立市内の女性からの相談支援を中心に、全国、海外からも相談が入っている状況です。市としては他市在住していた方が Jikka の支援を受け今後国立市で生活していく意思を明確にした段階で、女性支援をはじめ生活保護やしょうがいサービスなどの市の制度を活用して支援する方向で動きま

す。これまでも、複合的な課題を持った女性が Jikka に支援を求め、事前に本人同意のもとで情報提供を受け、連携部署でケース会議を行い、適切な受け入れ態勢を整えた事例もありました。

女性支援法の「本人中心主義」理念の具体化と地域づくり

　本事業は完成された事業ではなく、今後も女性支援の現場で起きている状況を捉え、必要に応じて事業を拡充していきたいと考えます。柔軟な支援が実施できるのは、Jikka との協働が実現できていることにくわえ、短期宿泊事業で連携いただいている事業者のみなさまのお陰です。女性支援法の理念の１つである「本人中心主義」を実践し、相談者の希望に沿う支援を行うためには、行政だけではどうしても限界があります。行政と民間支援団体とが互いの強み、弱みを補い合い、協働で当事者のニーズに寄り添う支援を行うことが新法を具現化することにつながると思います。さらに本事業が広域的に広がることを希望するとともに、これからも女性を支える地域づくりをめざして取り組みを進めていきたいと思います。

Q 5
なぜ女性だけが、
女性支援法の対象となるのでしょうか?

戒能民江

女性支援法はどのように規定しているか

　日本の社会には、困難な問題を抱えて支援を必要とする人が、性別を問わずたくさんいますが、女性支援法は、法の対象を女性に限定しています。なぜでしょうか。

　近年、法の対象を男か女かに特定しない「性別不問」の法律が登場するようになりました。最近の例でいうと、110 年ぶりに行われた 2017 年の刑法の性犯罪規定（第 177 条以下）改正で加害者・被害者の性差撤廃が行われ、2023 年には「16 歳未満の者と性交した者」と再改正されました。改正前の刑法では「13 歳以上の女子を姦淫した者」は強姦罪に問われ、強姦の被害者は女性に限定されていました。男性が強姦被害を受けても、強姦よりも刑罰の軽い「強制わいせつ」が適用されてきたのです。女性だけが被害者とされていたのは、明治刑法制定当時の「家」制度の考え方に基づき、家の血統を守るために、夫以外との性交を禁止して重く罰したという歴史的背景があります。強姦罪によって守られるのは女性の「貞操」だとされ、日本の裁判では 1990 年代初めまで、強姦被害者は「貞操観念」のない女性として非難されていたのです。

　女性支援法は、法目的を定めた第 1 条で、「女性が日常生活又は社会生活を営むに当たり女性であることにより様々な困難な問題に直面することが多いことに鑑（かんが）み」、女性支援に必要な事項を規定し、女性支援施策を推進すると規定しています。また、第 2 条で、「困難な問題を抱える女性」を「性的な被害、家庭の状況、地域社会との関係性その他の様々な事情により日常生活又は社会生活を円滑に営む上で困難な問題を抱える女性（そのおそ

れのある女性を含む。）」と定義しています。

　つまり、女性は女性であることで、諸活動を行う場や関係性の公私を問わず、男性とは、内容や程度の異なった困難に直面するといっています。

　さらに基本方針では、女性が「女性であることにより」困難に陥りやすい理由を二つに分けて具体的に説明しています。

　一つは、性暴力や性的虐待、性的搾取などの性的被害に、より遭遇しやすい状況に置かれていることと、予期せぬ妊娠などの「女性特有」の問題があることです。二つ目は、「不安定な就労状況や経済的困窮、孤立などの社会経済的困難に陥るおそれ」があることを指摘しています。

女性が性被害を受けやすいのはなぜか

　基本方針では、女性が女性であることにより直面する困難として、第一に、「性的な被害に遭いやすいこと」をあげていますが、女性だけが性的被害に遭うわけではありません。2023年、被害者が加害者を告発したジャニーズ性加害事件は、男の子に対する性暴力被害を顕在化させ、被害者が数百人に上るという報道は衝撃を与えました。加害行為が行われた直後は、被害者の告発は顧みられず、長年沈黙を余儀なくされました。タレントになれるかどうかの生殺与奪権を握った加害者の男性が男の子たちを意のままにしたのですが、この事件の本質は、立場や力で優位に立つ者の暴力による相手の支配にあります。これは、女性が性暴力被害を受けた場合と同じ構造です。

　一方、警察庁や法務省の統計では、性犯罪の被害者の圧倒的多数を占めるのは女性です。また、職場の上司と部下、教員と学生の間で行われる性暴力はセクシュアル・ハラスメントの典型例ですが、セクハラ被害者の多数は女性です。それは偶然ではなく、男性優位の社会のあり方、男女間の身体的・社会的・経済的な力関係の差をバックに行われる「女性に対する性の支配」を意味します。

　また、性別を問わず、被害者にも加害者にもなりえる性中立的な概念であるDVが「女性に不均衡に影響を及ぼ」し、女性に対してより深刻な影

響を与えることから、DVも「ジェンダーに基づく女性に対する暴力」と位置付けられることに留意すべきです（欧州評議会「女性に対する暴力、ドメスティック・バイオレンス防止条約〈イスタンブール条約〉」2011年）。

┃コロナ禍が女性に与えた深刻な影響

　2019年末以降の新型コロナウイルス感染拡大は、世界中の人びとの生活を大きく変え、私たちは緊張と不安に支配される日々を強いられました。2020年4月、国連事務総長グテーレスは、コロナ禍での経済的苦境の最も明確な被害者は女性であり、経済政策の対象の中心に女性を置くべきだと世界に呼びかけました。

　日本も同様です。内閣府「コロナ下の女性への影響と課題に関する研究会報告書」（2021年4月）は、コロナ禍の影響は男女で異なり、「女性の非正規雇用労働者の減少や自殺者数の増加など女性への深刻な影響」の根底には、「平時においてジェンダー平等、男女共同参画が進んでいなかったこと」が「コロナの影響により顕在化」したことを指摘しています。

　飲食業や宿泊業など女性の非正規雇用労働者が多い産業での閉店・倒産などによる解雇や失業の増加、就業時間の減少（シフト減）は、女性から職場を奪って経済的困窮をもたらし、非正規労働者の先行き不安を招きました。経済的不安は自殺件数の増加にもつながり、自殺者総数は男性のほうが多いのですが、コロナ禍では女性の自殺者数の増加が際立ちます。自殺増加の背景には「人と接する機会」が減ったことと「経済的に不安な生活を強いられる」状況があり、自殺対策基本法に基づく国の「自殺総合対策大綱」（2022年）では、女性支援の強化を新たに打ち出しました。

　そもそも、日本では男女格差が縮小せず、毎年公表される「ジェンダーギャップ指数」（世界経済フォーラム）で日本は146カ国中125位と低迷を続けています（2023年）。男女格差拡大の要因には、国会議員の女性比率などの政治分野および経済分野での格差が縮まらないことがあげられます。なかでも、経済分野では男女賃金格差（フルタイムで男性100に対して女性は77.9、月8万円の差）が解消されず、非正規労働者の待遇改善が進まないこ

となどが問題です。

支援が必要なのに、支援が届かない女性たち

　若年女性の貧困とともに、近年、中高年シングル女性の経済的困窮が注目され始めました。任意法人「わくわくシニアシングルズ」の「中高年シングル女性の生活状況実態調査」（2022年、40歳以上を対象）によると、「非正規職員」が4割近く、自営業を含め年収200万円未満が半数を占めます。また、住宅費負担や保証人、就労支援の未整備などに加えて、病気や介護、仕事の継続、低所得など将来への不安が多く語られています。

　一方、障がいのある女性が「女性であるがゆえに」抱える困難な課題を示すデータは未整備です。聴覚障がいの方の電話以外の相談方法など DV相談へのアクセスの改善やシェルター入所時の介助者の公的支援など、支援体制には課題が山積しています。

　また、外国人女性については、在留資格、言語やコミュニケーション、文化や慣習の相違、人身取引被害など、固有の脆弱性を十分認識したうえでの支援体制の整備が求められます。

困難に直面する女性たちに支援が届くように

　ネットを見ると、若い女性たちの「消えたい」というつぶやきに気づきます。どこにも居場所がなく、経済的困窮から性産業や買春に巻き込まれるなど、女性の人権が軽んじられた社会では、女性たちは生きる希望を奪われています。しかし、日本社会では自己責任論が根強く、女性たちは自分を責めるほかありません。中高年の女性にとっても孤立や貧困は深刻です。2020年秋、仕事を失って、バス停のベンチで路上生活をしていた60代の女性が殺害された事件がありましたが、その女性も支援を断ったと聞きます。それだけ、女性にとって支援は遠いのです。女性であるがゆえの困難を一人で抱えたまま追いつめられないように、最適な支援を届けるのが、女性支援法の役割です。

Q6
国や地方公共団体の女性支援の責務について、女性支援法はどのように定めていますか？

■ 戒能民江

女性支援法が定める国及び地方公共団体の支援の責務

　女性支援法は、第一に、基本理念に基づく、女性支援に必要な施策の検討・策定とその実施を国及び地方公共団体の責務として規定しています（第4条）。その際に、必要に応じて、福祉、保健医療、労働、住まい及び教育に関する施策などの活用に努めること（第5条）と、都道府県と市町村など地方公共団体間及び福祉事務所、児童相談所、児童福祉施設、保健所、医療機関、職業紹介機関、職業訓練機関、教育機関、都道府県警、日本司法支援センター（法テラス）、配偶者暴力相談支援センターなど、女性支援と密接に関連する関係機関との緊密な連携を求めています（第6条）。

　第二に、国に対して、女性支援施策の基本的な方針（基本方針）策定を求める（第7条）とともに、都道府県に対して基本方針に即した「基本計画」策定を義務付けています（第8条第1項）。市町村については「基本計画」策定は努力義務にとどまります（第8条第3項）。

　第三に、都道府県及び市町村に対する民間団体との協働による支援を特記していること（第13条）は注目すべきでしょう。Q2で述べたとおり、早期からの切れ目のない支援を行うために、関係機関及び民間団体との協働による支援が、基本理念として掲げられているからです。また、国には地方公共団体とともに、民間の女性支援団体に対する「必要な援助」を行うことを努力義務として課しています（第19条）。民間支援団体の財政難の状況を考慮するならば、民間団体との支援の協働を進めるためには、「必要な援助」に財政支援が含まれると解釈するのが妥当です。

　さらに、国と地方公共団体の責務として定められているのは、教育・啓

発、調査研究、人材確保及び民間支援団体への援助（国は地方公共団体への補助）の4点です。いずれも重要な事柄ですが、教育・啓発について、支援を適切に受けることができるように、「自己がかけがえのない個人であることについての意識の涵養」を目標に掲げていることは斬新さを感じさせます。いわば、教育・啓発の目的に「女性のエンパワーメント」（主体性の形成と必要な場合は支援を求めながら状況の打破に立ち向かう力の獲得あるいは回復）を掲げており、他の法律には見ない独自の規定といえます。（第16条第2項）

国及び地方公共団体間の役割分担と連携

　国が作成した基本方針では、国、都道府県及び市町村の役割分担と連携について定めています。

①国の役割は、基本方針の策定など、支援施策の企画・立案が中心ですが、施策の方針を立てるために必要な調査研究や施策の普及・啓発を行います。女性が抱える困難な問題の多様化、複雑化、複合化に対応するためには、相談・支援を行う側の専門性を高めるための体系的な研修の整備や研修講師の育成、検討事項になっている第三者評価のあり方などの調査研究などに取り組む必要があります。地方公共団体への情報提供や基本計画策定支援も国の重要な役割です。

②都道府県は地域における支援事業の中核的な役割を担い、基本計画策定を通じ、地域の特徴や事情を考慮しながら、民間団体などとの協働による支援のあり方を検討し、支援施策を具体化していきます。都道府県間あるいは都道府県内の広域対応の仕組みの検討や市町村の取り組み状況の把握と公表などを行って、市町村への支援を行います。

③市町村は最も身近な相談先としての役割を果たすとともに、必要な支援の包括的な提供と他機関や他自治体へのつなぎを行います（Q13）。

④都道府県と市町村は支援調整会議の組織化と運営に努めます（努力義務、Q19）。

⑤なお、国は2023年4月に厚生労働省社会・援護局内に「女性支援室」

を開設しました。女性支援法制定が生み出した女性支援事業推進のための専門部署・司令塔であり、従来は考えられなかった画期的な組織です。室長を先頭に、女性支援事業の推進をめざして意欲的に職務にあたっており、地方公共団体や民間団体などの支援団体・機関からの質問にも積極的に応じています。

基本方針策定のねらいと意義

2023年3月、有識者会議の審議およびパブリック・コメントを経て策定された基本方針が公表されました。基本方針は、①女性支援に関する基本的事項、②女性支援施策の内容、③女性支援施策の実施に関する重要事項が定められています（第7条）。有効期間は5年ですが、法改正に伴い必要な時にも改訂されます。支援の基本的な考え方、支援に関わる関係機関、支援の内容、支援体制などとともに、都道府県基本計画の指針となる事項（基本計画策定手続き、計画の評価、計画に盛り込むべき事項など）が定められています。

法の対象範囲や留意事項など、法律の文言では必ずしも明記されていなかった点についても基本方針では言及しています。

基本方針のねらいの一つは、地域による支援の格差が生じないように、全国どこでも必要十分な支援を受けられる体制の整備にあります。また、支援によってめざすべき「自立」の概念や幅広い年齢層への支援、性暴力などで傷ついた人への支援での配慮事項や支援が途切れても繰り返しつながり支えていくことの重要性など、支援にあたって留意すべき事項についても言及しています。さらに、「婦人保護事業実施要領」（1963年厚生省〈当時〉通知）が廃止され、売防法の「保護更生」を目的として、一時保護所で長年行われてきた「判定」や「行動観察」が廃止されたことも重要です。

支援内容については、従来の相談支援、一時保護に加えて、アウトリーチから、居場所の提供、被害回復支援、日常生活回復支援、自立支援、アフターケアまで詳細に規定されています。さらに、自立支援に関しては、医学的・心理的支援、生活支援、日中活動支援、居住支援と段階を追って支

援内容を説明しています（Q14参照）。

支援体制では、従来、きわめて不十分だった、公的支援３機関（女性相談支援センター、女性相談支援員、女性自立支援施設）間および公的支援機関と民間団体との連携について初めて言及しており、連携体制の整備にあたっての課題の明確化が求められています。

国・地方公共団体が支援の責務を担うのはなぜか

若年女性への支援団体によると、若年女性は支援を求めない理由として、「ネットにアクセスした自分が悪い」「自分には支援を求める資格がない」などをあげています。

日本の社会では自己責任が強く求められ、なかでも、若年女性は「自己責任論」を内面化しているといえます。しかし、家が貧しくて性的搾取に巻き込まれたとしても、彼女に親の貧困の責任はとれませんし、親も失業や勤務先の倒産など社会的要因によって貧困に追いやられることも多いのです。とくに、親がシングルマザーの場合、経済的状況はより深刻です。

女性支援法は、女性が困難に直面するのは、性差別社会での男女格差の拡大や孤立、不十分な社会保障や雇用差別、女性の社会的地位の低さなど、日本社会の構造にこそ問題があると考え、自己責任を求めるのではなく、社会の問題として総合的に女性支援に取り組むための仕組みを構築したと考えられます。

女性支援法でも婦人保護事業の「措置制度」は廃止されませんでした。国家の責任による公費負担で迅速な対応が可能となる行政主導型の措置制度では支援は行政裁量に任されており、個人の権利としての「支援を受ける権利」は保障されません。公的責任による「権利としての支援」の制度設計については、今後の検討課題です。

第 2 部

女性支援の担い手

Q7
女性相談支援センターの業務と
地域で果たす役割について教えてください

■栗原ちゆき

　女性相談支援センターは、都道府県における女性支援の中核的専門機関です。人としての尊厳や権利を侵害され、ようやく女性支援の機関にたどりついた支援対象者に対する支援の基本的な姿勢について、女性支援法では、支援対象者の立場に立ち、その意向を踏まえながら、抱えている問題およびその背景、心身の状況などを適切に把握したうえで、最適な支援を行うこと、また、女性の心身の健康の回復を図ると明記しています。

　業務を行うにあたっては、困難な問題を抱える女性への支援を行う民間の団体などとの連携・協働に努めます。

女性相談支援センターの業務

　女性支援法の下では、女性相談支援センターの所長の資格について、専門的な知識経験及び女性の人権に関する識見を有する者のうちから任用しなければならないと新たに政令で定められました。所長の資質については、支援にあたる職員をはじめとする人材の育成及びその都道府県の女性支援施策や運営に大きな影響を与えることから重要な規定です。当面適切な人材が見つからない場合も、任用後の研修などで補うことが求められます。

1　相談

　性暴力をはじめとする暴力被害、性的搾取、経済的困難、障がい、疾病、住居問題などの課題を複合的に抱えて相談窓口に来る支援対象者に対しては、安心して相談が受けられるよう、本人の意向を中心に据えて寄り添いながら相談や情報提供を行います。その後に必要な支援を展開していくためにも、相互の信頼関係の構築は重要であり、とくに過去の経験から公的支援に対して不信感を持つ女性も少なくないことから、支援対象者を尊重

した相談を進める必要があります。

　また、支援の入口として、可能なかぎり多様なニーズに対応できるように努めますが、女性相談支援センター以外での解決が適切な場合は、女性相談支援員もしくは別の相談機関を紹介します。

2　安全確保と一時保護

　暴力や虐待被害、ストーカー被害、居住場所の喪失など、生命や心身の安全が確保されないおそれがあると認められる場合は、支援対象者及び同伴する家族もあわせて、安全確保のため一時保護を行います。ただし、同伴する家族の状況によっては、同じ場所での保護ができない場合もあり、その時は、別の適切な施設の利用について当事者たちの了解を求めながら調整します。

　また、一時保護を行う際に支援対象者が児童を伴う場合も多く、日ごろからの児童福祉関係機関との情報の共有、連携強化が重要です。支援にあたっては児童を人として尊重し、必要な心理的ケアを行うとともに状況に応じて学習に関する支援も行います。

3　医学的または心理学的な援助

　女性相談支援センターで相談または一時保護をした支援対象者については、心身に不調を抱えた方が多く、心身の健康回復を図るため医学的または心理学的な援助を行います。心身の健康の回復や維持は自立に向けた支援の基本となるもので、援助を行う場合は、心理検査などの実施も含め本人に目的などを説明し同意を得て行います。同伴する家族に対しても、同様に支援を行います。

　支援者は、支援対象者について心身の状況をきちんとアセスメントすることで、その後の安全かつ安心した生活とともに自立を図るためのより適切な支援の提供につなげます。

4　自立促進のための援助

　支援対象者にとっての自立支援とは、経済的自立のみではなく、本人の状況や希望、意思に沿って、必要な福祉的サービスを活用しながら、より健康でその人らしい生活を営むことも含みます。直接的な援助としては、

自立の基礎となる心身の健康回復のための支援をしながら、就労、住宅、日常生活技術の獲得、金銭管理、対人関係改善、保護命令などの法的手続き、育児などの支援を情報の提供とともに行います。

5　居住して保護・支援が受けられる施設の利用に関する援助

　支援対象者の抱えている問題やその背景、心身の状況などにより、在宅での生活が困難と判断される場合があります。その時は、当事者に情報の提供をしながら意向を確認し、女性自立支援施設や母子生活支援施設などの施設を利用した生活を選択します。女性相談支援センターは、施設利用に向けて女性相談支援員や関係機関との連絡調整を行います。

女性相談支援センターが地域で果たす役割

1　都道府県内における女性支援の状況把握と連携及び体制づくり

　女性相談支援センターは、都道府県内全体の支援の中核機関であり、都道府県の女性支援担当課とは一体的に、方針や計画に基づいて運営することが求められます。女性支援における支援対象者の状況、民間も含めた支援機関の存在や活動状況、近隣の都道府県の支援施策なども把握し、市町村の女性相談支援員や民間も含めた支援機関などと情報共有をし、連携・協働による支援の体制を整備します。

2　都道府県内の市町村に対するサポートと調整

　市町村の女性相談支援員などの女性支援担当者は、支援対象者に対する地域の支援の中心であり、庁内の他部署の職員への理解を求め庁内連携を図る必要があります。支援にあたる職員に必要な知識や技術など、専門性を高めるとともに、支援に関して困難な状況に陥った時には、女性相談支援センターの専門機関としてのサポートが大きな力になります。

　中心となって支援を担う自治体が定まらないなど市町村間での調整が円滑に進まないことも想定され、その際の相談や調整を行います。

3　民間支援団体の把握・育成

　女性支援法では、民間支援団体との対等な立場での連携・協働が必要とされています。都道府県内や周辺自治体の民間支援団体の状況を把握し、

必要に応じて立ち上げ支援や情報提供、人材育成を行うなど都道府県の担当課と連携して行います。

4　人材育成と関連部局への理解促進

支援対象者は複合的で重い課題を抱えており、支援には専門的かつ高度な支援技術が求められます。都道府県内においては、市町村間での支援の格差が生じないことが重要で、そのための研修などによる人材育成は女性相談支援センターの大きな役割です。

人材育成は支援関係者に限定することなく、広く関連部局の職員に対しても理解を求めるなど都道府県の担当課と協力して行います。

5　広域保護などに関する連絡調整

DVなどの危険な暴力被害から守るため、支援対象者の新しい生活の場所を都道府県外に求めることがあります。その際に支援対象者の安全と安心できる生活を提供できるよう切れ目のない支援が必要ですが、受け入れなどに関して円滑に支援が提供できないことも想定され、都道府県担当課と連携・協力して都道府県間の調整を行います。

6　支援調整会議での重要な役割

市町村または都道府県などで実施する支援調整会議において、女性相談支援センターでは都道府県内の女性支援の状況を全体として把握できることから、支援に有効な情報や支援技術、地域の課題を提供し共有するなどの役割があります。

また、一時保護中や女性自立支援施設に入所中のケースについての支援調整会議の主催も女性相談支援センターの重要な役割です。

情報の共有については、個人情報保護の観点からルールづくりや周知についても主導的に行うことが期待されます。

7　権利擁護と苦情解決

女性相談支援センターは、いかなる場合も、支援対象者を差別し、暴力を振るうなどの人権侵害やハラスメントを行ってはなりません。また、苦情解決の仕組みをつくり、苦情があった場合は迅速に改善策を検討することが求められます。

Q8
女性相談支援員は
どこでどんな支援をしているのですか？

松本周子

　女性相談支援員（旧婦人相談員）は売防法を根拠法に創設された婦人保護事業の担い手として設置されました。江戸時代から続いた日本の長い公娼制度に終止符が打たれ、赤線に足を踏み入れた最初の相談員です。靴を履きつぶして性売買の現場をアウトリーチしたのが女性相談支援員の仕事の始まりです。時代の変遷とともに、売春が潜在化し、夫からの暴力や日常生活で困難な問題を抱える女性たちの相談が多くなりました。

女性相談支援員はどこにいるのですか？

　女性相談支援員は、県には義務設置で、女性相談支援センターや県福祉事務所に配置されています。市町村には置くように努めるとなっており、福祉事務所の中の子育て支援課などに配置されています。

　女性支援法の基本方針に「地域によって困難な問題を抱える女性への対応に大きな格差が生じるべきではなく、支援対象者が全国どこにいたとしても、必要十分な支援を受ける体制を全国的に整備していく必要がある」とされていますが、全国では約半数の市区で女性相談支援員は未設置となっており、まだまだ全国一律とはいえない状況です。

　2022年4月1日現在の旧婦人相談員数（厚生労働省発表）は1579人、そのうち、都道府県には446人、市区には1133人がいます。全国815の市区のうち390市区、全国市区の50.8%の配置でしかないのが現状です。県市全体で43.6%が母子・父子自立支援員などとの兼務となっています。女性相談支援員の設置が県のみは1県、県と1市が3県、全市に設置している都県は9都県です。女性相談支援員の配置が最も少ない県は5人、最も多いのは246人と、配置については自治体ごとに任されており、地域格差が

生じています。

　また、女性相談支援員が部署内に１人のみの配置であるなどの場合、相談対応と巡回・出張相談、同行支援などの実施の両立が難しい場合や、専門性の向上のための研修に参加することが難しい場合などが少なくない状況も出てきます。

　各地域の行政の、女性支援事業に対する理解が不足しているのではないでしょうか。女性相談支援員のいない地域では対象女性たちが十分な支援を受けられない状況にあるといえます。ニーズに十分に対応しうる女性相談支援員の配置が必要です。法改正によって、女性相談支援員の市町村への義務配置が望まれます。

女性相談支援員になるにはどのような資格が必要ですか？

　法第11条第３項に、任用にあたっては「その職務を行うのに必要な能力及び専門的な知識経験を有する人材の登用に特に配慮しなければならない」とあります。女性相談支援員は、社会福祉に関する知識や、相談支援に関する専門的な技術、経験を持ち、登用後も研修や勉強会などを通じて継続的に支援のための能力向上に努めることが必要です。女性の抱える問題解決には、幅広い知識や洞察力、経験により培った専門性が問われます。ソーシャルワーカーとしての社会福祉士などの資格も必要ですが、高い識見と熱意、人権感覚及びジェンダーの視点が求められます。

女性相談支援員の待遇や身分保障はどうなっていますか？

　非常勤が約80％といわれる女性相談支援員は、2020年度より始まった会計年度任用職員制度によるパート職員となっています。会計年度任用職員制度は１年更新の制度です。女性相談支援員の場合、会計年度が始まった年から３年間だけが継続で、後は毎年更新という自治体が多く、なかには専門職として継続するという所もありますが、それは稀です。

　厚生労働省によると、2020年４月１日現在の女性相談支援員の経験年数３年未満は、県が38.1％、市が41.6％となっていて、年齢は50歳以上が７

割を占めています。

給与体系について、厚生労働省は2023年度、自治体に勤める女性相談支援員の処遇改善を強化する方針で、女性支援法の施行に向け、人材の確保と専門性の向上をめざすとしています。

実際の現場では、会計年度任用職員になって初めて交通費が支給された、ボーナスが出たなど、給料の額についても自治体によってさまざまです。ただ、1年更新では、対象者への支援が途切れたり、つながりにくくなり、女性相談支援員だけでなく、対象者をも不安にさせます。女性相談支援員の処遇改善、身分保障は、対象者へのより安定した継続支援につながっていきます。

女性相談支援員はどのような支援をするのですか？

法第11条により、女性相談支援員は、「困難な問題を抱える女性について、その発見に努め、その立場に立って相談に応じ、及び専門的技術に基づいて必要な援助を行う職務に従事する職員」と定義されています。

女性相談支援員は、支援対象者にとって最も身近に相談できる自治体などに属する者として、支援への入口の役割を果たすとともに、支援対象者に寄り添いながら、さまざまな関係機関と連携して、本人のニーズに照らし、各種手続きやサービスの調整などのコーディネート及び同行支援を行い、支援対象者を適切な支援につなげ、継続した支援を行い、地域における支援の中心的役割を果たします。

女性支援事業の対象者の範囲については、「性的な被害、家庭の状況、地域社会との関係性その他のさまざまな事情により日常生活又は社会生活を円滑に営む上で困難な問題を抱える女性（そのおそれのある女性を含む。）」とされています。法が定義する状況に当てはまる女性であれば「年齢、障害の有無、国籍等を問わず」、性的搾取により従前から婦人保護事業の対象となってきた者を含め、必要に応じて法による支援の対象者となるとあります。

女性相談支援員は、心身を傷つけられ、人権を侵害されるなど、複雑で

深刻化するさまざまな問題を抱える女性に対して、相談から保護、自立支援までの専門的な支援を切れ目なく提供していきます。その権利を擁護し、必要な社会資源や社会福祉制度などをコーディネートすることによって、相談者が、自らを取り巻く問題を認識しその解決に向けて具体的に歩むことができるよう、さまざまな情報を提供できるようにするソーシャルワーカーです。

　女性相談支援員の相談内容をみると、相談の約半数がDV、後は家庭、経済、借金、住宅、就労などを含んだ相談です。そのなかで性被害の相談は常にあります。女性支援法で、まず最初に「性的な被害」があげられていることは、女性支援の原点は、女性の性の問題にあるとしているのだと考えられ、現場の感覚と一致します。

　相談者の決定を尊重し、関係機関と連絡調整を行うとともに、本人の同意を得て一時保護や女性自立支援施設などの利用調整を行う役割もあります。ただ、女性相談支援員が実際に配置される機関はさまざまであり、求められる役割なども各配置機関に応じて異なることがあります。とくに制度の狭間にいる若年女性の支援対象者については、早期発見に取り組めるよう対応する必要がありますが、なかには相談室から離れてはいけないとして、アウトリーチができない自治体もあります。支援には、民間団体との協働が欠かせません。両者がそれぞれの役割を担い、協力することが必要です。

　また、相談によって可視化された社会や制度の課題については、地域全体で改善していくことが求められています。支援調整会議などを通じて発信し、関係者及び関係機関と共有していくことも求められる役割の一つです。

　職場内で孤軍奮闘していた時代は終わり、多くの女性相談支援員は、組織の一員として、問題を共有していくことが通常となっています。そのため、ケースマネージメントができるよう力をつけていかなければなりません。女性支援法では新たに支援調整会議設置が努力義務となっており、関係機関との連絡調整など、他の組織・団体と顔を合わせることも増えてき

47

ます。

女性相談支援員のサポートとネットワーク

　女性相談支援員の職場では、上司が変わるたびに相談員の仕事の内容が変わったり、制限されたりしているという現状があります。女性相談支援員が組織のなかで業務を推進していくために最も望ましいのは、職場が、この女性相談支援事業の中身をよく知り、理解していることです。それが女性相談支援員の力となり、バーンアウトの防止となります。より質の高い相談・支援を提供するためのサポートになります。女性支援法では、女性支援の職場に異動になった職員の研修を義務付けていただきたいと考えます。

　女性相談支援員で組織する全国婦人相談員連絡協議会があります。全国組織として国と直接話ができることから、会員の声を国に要望書として届けています。一人職場の多い婦人相談員ですが、支援者同士として全国の会員とつながり、とくに広域支援などでは、そのネットワークが活かされています。

Q 9
女性自立支援施設は
どのような支援をするのですか？

熊谷真弓

根拠法が変わる意味——「保護・更生」目的から「自立支援」への転換

　売防法において婦人保護施設は「第4章　保護更生　第36条」で「要保護女子を収容保護するための施設」と定義されました。要保護女子とは「売春を行うおそれのある女子」であり、その女子を「収容保護」し「更生」するための施設とされたのです。

　女性支援法の成立により、婦人保護施設は「女性自立支援施設」と名称変更され、「定義」（第12条）のなかで「心身の回復」「自立促進」のための「生活支援」が明記されました。女性福祉の根拠法をもつ施設として大きく転換したのです。

旧婦人保護施設の現状

　2023年4月現在の婦人保護施設の設置数は、全国47施設、内訳は公設公営22、公設民営9、民設民営16、未設置・休止県が8。公設公営施設が半数近くを占める理由は、都道府県の義務設置である婦人相談所に併設のかたちで婦人保護施設を設置した県が多いからです。さらに、2001年成立のDV防止法によって、全国の婦人相談所が「配偶者暴力相談支援センター」を兼ね、婦人保護施設はDV被害者の一時保護委託先となりました。その結果、公設公営の婦人保護施設は、DV被害者の受け入れが優先となり、加害者による追跡遮断を第一とするため、通信機器の利用や外出などの制限が厳しく、結果として婦人保護施設の入所率は低下しました。また、婦人相談所での一時保護を経て婦人保護施設の入所判定が行われるため、施設入所にいたらない実態も多く、2021年度の厚労省による婦人保護施設の入

所者数及び定員の推移の統計によると、定員に対する施設の充足率は 16.7 ％です。

　現状の課題は最後に述べますが、生まれ変わる「女性自立支援施設」はどのような支援をめざすのか、女性支援法及び基本方針に沿って述べます。

新法施行後の女性自立支援施設がめざす自立とは

回復から始まる自立

　女性自立支援施設がめざす「自立」とは、狭義の就労自立、社会生活への適応的な「自立」ではありません。こころとからだの「回復から始まる自立」です。

　入所型施設は一時の居場所ではなく、利用者にとっての生活の場、住み家です。これまで安心して住める家がなく、逃れてきた女性にとって、施設は心身回復の拠点として「安心」できる場所でなければなりません。心がやすらぐ施設の環境、温かくおいしい食事、信頼できる施設職員、これら生活の基本的安心感により、しだいに自ら相談ができ、福祉の制度利用を考える主体性が築かれます。入所する女性の多くは暴力・性被害経験があり、医療・心理的支援が必要ですが、専門的な支援だけでなく、施設の包括的な回復支援の基盤が重要です。

諸課題に基づいた自立支援

　もちろん、解決が必要な事柄は多数あります。聴き取りをし、早期に解決できる課題と時間を要する課題に分け、本人の意思を尊重し、入所期間も含め個別の自立支援計画に基づき支援します。健康上の支援は、本人が自分の健康を守っていく意思をもてるよう自立支援を大切にし、３食の食事は、健康状態、嗜好も聴き取り、食品衛生法の元で可能なかぎりの個別配慮・工夫をして提供します。法的な解決には弁護士などへの相談、経済的課題には生活保護や貸付制度などの紹介、借金返済や金銭管理の方法などを支援します。施設入所にいたる背景のなかで、行政の窓口への相談が苦手という人が多く、最初は同行支援をしますが、しだいに自分でできるよう支援していきます。また家族関係についてはさまざまな葛藤があり調

整支援が必要です。親からの虐待やDV被害のためいったん関係を遮断する場合、本人の感情の揺れに寄り添い行きつ戻りつすることも自立支援の重要な局面です。多職種が関わる施設での日常生活で、本人が自分を振り返り、客観視できるよう職員間の連携は必須です。さらには共同生活の施設ですから、利用者同士の関わりのなかで自分を見つめ直し、今後に向けて考えていく経験も重要です。生活場面での互いの交流のなかで時に仲たがいや気分を害することも起こりますが、それも人間関係の実際であり、職員が双方の気持ちを聴き仲介することは人間関係を築く自立支援です。今後の生活に向けて、就労支援、障害者福祉制度の利用支援、他施設への移行支援などをすすめ、アパートなどへの退所先支援を実施します。若年女性の入所がある場合は学業継続の支援、同伴児童を受けいれる場合は通学支援を実施します。加害者による追跡がある場合の就労・通学は新法施行後も引き続き大きな課題ですが、関係機関、自治体間の連携が必要です。

　そして、中長期支援の施設の大事な機能は、多様な施設行事やプログラムを行うことです。その人の生活のなかで「楽しい」記憶として刻まれるよう企画します。

退所後の支援

　現在、国の「退所者自立生活援助事業」（地域生活移行後、訪問、相談などの支援をする制度）がありますが、全国的に利用率は低く、むしろ、民営施設は制度によらず、求めに応じた退所後のアフターケアを実施しつづけてきました。退所者が、こころの拠り所としていつでも立ち寄れる、相談できることも施設の役割です。新法施行後は3年後の見直しを視野に退所後支援を制度として充実させることが課題です。

‖ 今後の課題──女性支援法3年後の見直しを視野に

1　基本方針で提示された入所改革

　旧婦人保護施設の低い入所率の原因の一つは、旧婦人相談所の一時保護を経てからの施設入所というシステムにありました。新法の運用指針である基本方針では「必ずしもセンターでの一時保護を必要としない」と明記

されました。基本方針に基づき、事前見学の実施など、本人が納得して施設に直接入所できることが課題です。これについて、東京都は 2022 年度から「直接入所方式（東京方式）」を試行しました。都内には社会福祉法人が運営する旧婦人保護施設が 5 つあり、東京都女性相談センターと協議を重ね試行的に実施してきました。新法のめざす利用者の意思尊重にむけて、女性自立支援施設では入りやすい施設への改革をさらに進めるべきです。

2　全国に必ず設置を

新法においても任意設置のままである女性自立支援施設を義務設置とし、女性相談支援員も自治体での義務配置とすることが今後の課題です。新法施行後は、女性自立支援施設の実績を積み重ね、義務設置に向けて新たな運動が必要です。

3　DV 法（配偶者暴力防止法）とのすみわけ

住所秘匿のシェルター機能を持つ施設が、同時に地域生活移行への自立支援を実施するには限界があります。とくに社会福祉法人は、法人としての地域貢献が責務ですが、住所非公開では地域貢献の実施は難しいのが現状です。被害者がいつまでも隠れていなければならないことも問題です。基本方針でも DV 法に基づく施策との関係として、それぞれの支援に特化した施設の設置などの検討を求めています。今後の大きな課題です。

4　民間団体との連携

基本方針で、民間団体との連携について都道府県及び市町村との対等な立場での協働を明記しました。2023 年度の厚労省「婦人保護施設における民間団体との機能強化の職員配置について」により、支援員または心理職の連携事業がスタートしました。施設と民間との協働による地道な積み重ねと補助制度の充実が課題です。

5　現場のスキルアップ

最後に、女性自立支援施設最大の課題は、支援力のスキルアップです。常にその支援の内容が、人権尊重、福祉の増進に見合っているかを問い直し、改革していく力を培いつづける、つまり人権の砦として、女性支援からすべての人の生きやすい社会の構築につなげることが課題です。

Q 10
民間団体が行っている支援について
教えてください

若年女性への支援● BOND プロジェクト

橘 ジュン

リアルな声を聴き、共に考えて必要な支援につなぐ

　10代、20代の生きづらさを抱えている女性たちの支援を2009年から行っています。拠点は主に東京都内にありますが、全国から相談が届きます。LINE、メール、電話、面談などで相談を受けて、必要に応じて弁護士などと連携しながら、同行支援やシェルターでの一時的な保護、自立準備のための中長期保護などをしています。声を聴いて、悩みを一緒に考えて、相談者を必要な支援者へとつなぐ「動く相談窓口」として活動中です。

　2006年より「VOICESマガジン」というフリーペーパーを発行し、気になる少女たちに声をかけて、リアルな声を伝えています。街だけではなくSNS上にも、家や学校に居場所のない少女たちのSOSがあふれています。SNS上で「＃泊めて」「＃家出」などで検索すると、今夜過ごせる場所を探してさまよっている様子がうかがえます。

　弱さにつけ込んだ大人たちが「泊めてあげるよ」などと返信して実際に会い、自宅へと誘い込む誘拐事件も後を絶ちません。そのためBONDでは街のパトロールとネット上でのパトロールをしています。少女たちが性被害や性搾取などの被害に遭わないように、犯罪に巻き込まれる前に見つけ出して相談機関へとつなげられるようにするのがアウトリーチ活動です。

環境を変える決意が難しい「ゆらぎの時期」こそ支援が必要

　表面上は支援を求めてはいなくても、助けを必要としている女性たちとどうつながりつづけていけるか。虐待や暴力を受けていても、未成年を利用するアンダーグラウンドの性産業で収入を得ていたり、違法薬物の使用や売春行為をせざるえない環境下にいて、安全な暮らしではないけれど環境を変える決意ができない「ゆらぎの時期」こそ重要な期間と捉えて、支援の流れに位置付けることが大切だと思っています。

　家庭環境や家出生活、利用しようとする大人たちの影響などから彼女たちの日常生活は乱れがちです。大人は彼女たちの行動や選択を理解できず批判して指導しようとすることがあります。「何を求めているか自分でもわからないけど困っている」「大人の考える『まともな選択肢』を選べない」など、その時、その声に耳を傾けることで若年女性特有の課題が見えてきます。彼女たちが相談しやすい環境づくりと居場所づくり、彼女たちの目にふれやすい場所への情報発信、そこに支援の必要性を感じます。

公的支援制度利用の壁

　さて、ここからは制度を利用したくても、枠にあてはまらない層の存在について考えていきたいと思います。支援が必要でありながらも支援を受けることができないことがあります。困難な問題をいくつも抱えている女性にとって、婦人保護施設（現女性自立支援施設）は最後の砦のようなところですが、入寮したくてもできないことがありました。

　OD（オーバードーズ 過料服薬）をして施設にいられなくなってしまったある女性は子どもの頃から虐待を受け、家に居場所がないことから、精神科の入退院を繰り返していました。本人の希望で婦人保護施設へつなぎ入寮しましたが、気持ちが不安定になった時に OD することがやめられず、施設を出なければいけなくなってしまいました。

　BOND が関わる女性たちの多くは、トラウマを抱えていて解離したり、希死念慮が強く自傷行為を繰り返すなど、病院の通院や治療、入院の必要

度が高い女性たちです。このようなハイリスクな状態の方が婦人保護施設の入寮を希望しても難しいというのが実情でした。

　民間団体のシェルターは、スタッフが24時間いるわけではなく、看護師なども常駐していません。一方、婦人保護施設には、常時スタッフがおり、看護師や心理士など医療・心理の専門家がいます。しかし、医療の必要度が低い方の受け入れがほとんどで、医療の必要度が高い（自傷行為や希死念慮の強い）ハイリスクな女性ほど受け入れてもらうことができず、民間団体へ流れていってしまう現状がありました。これは、今後の大きな課題です。

女性支援法への期待

　最後に女性支援法への期待を述べたいと思います。それは、民間との「対等な協働」という言葉が抽象的な概念にとどまることなく、実効性のある内容にしていくこと。この一言に尽きます。私たちのこれまでの経験をもとに言えば、行政と対等な協働を進めていく時に課題を感じる場面が少なからずありました。

　過去に私たちが出会い相談窓口に同行しながら支援につなぐことができなかった女性たちに対して、懺悔（ざんげ）の思いもあります。

　新しい法律を「生きた法律」にするためにためらわずにやらなければならないことは、困っていても一人で抱えてしまう女性たちとつながり、守り、支えていけるように、官民一体となって支援することだと思います。

インターネット上で拡散する性暴力と被害者支援●ぱっぷす

金尻カズナ・井上エリコ

　NPO法人ぱっぷすは「性的搾取に終止符を打つ」というミッションの実現に取り組む非営利の民間団体です。もとは「ポルノ被害と性暴力を考える会」という名前で2009年から活動をしてきました。リベンジポルノ・性的な盗撮・グラビアやヌード撮影によるデジタル性暴力、AV（アダルトビ

55

デオ）出演被害、性産業に関わる困りごとの相談に対応しています。相談は月 100 〜 150 件ほど寄せられており、いまも増えつづけています。私たちの元に寄せられる相談は、たとえば以下のような内容です。

「SNS で知り合った人といい感じになって、やり取りを重ねていくうちに、裸の写真を送ってよとしつこく求められて送ってしまった。いまは後悔している。私はどうすればいいのか」

「元彼に撮られた性行為の動画が SNS で拡散させられてしまった。職場や家族に知られたら生きていけない。怖くて家から出られない」

「モデルにならないかとスカウトされ、事務所にいったら AV の撮影に持ち込まれてしまった。発売されて身バレするのではないか不安だ。助けてください」

こうした相談が年間 1200 件（2022 年）ほど寄せられるようになりましたが、以前は性的な画像・映像にまつわる性被害は声をあげること自体が難しく、とくに AV に出演させられた女性・男性たちが声をあげることはほとんどありませんでした。

私たちは AV 映像のなかに深刻な性暴力があり、そこに被害・加害が実在することを訴えつづけてきた団体です。性被害が拡散する舞台がインターネット上が主となってきたことで、性的な画像・映像にまつわる被害者の声が集まるようになりました。このことは、21 世紀的な性被害への支援を開発するうえで、大きな社会的意味があるものだと考えています。

ソーシャルワークとIT技術を融合させた支援活動

私たちが行う支援活動の特徴は、ソーシャルワークと IT 技術をドッキングさせた支援を形成してきたことです。相談支援を主軸にして、相談者の声に応じるかたちで展開させてきました。支援活動は大きく分けて 5 つです。

相談支援は、ソーシャルワークの支援理論をベースとして、デジタル性暴力や AV 出演被害に関する知識を有する相談員が対応しています。メールや電話で寄せられる相談について本人の状況に応じて助言や情報提供を

し、対面での面談を行い、主訴の解決に向けて伴走をします。

　アウトリーチは2つの手法を使い分けています。ひとつは繁華街での夜回り声掛け活動。もうひとつはインターネット上でSNSや掲示板などを巡回して情報提供するものです。いずれの場合も、支援につながりにくい層にアプローチするために、待ちの姿勢ではなく、私たちの側から積極的に接点を持てるように働きかけることを大事にしています。

　削除要請は、デジタル性暴力の被害者支援に特化しているぱっぷすならではの活動です。ご本人の意に反して拡散してしまった性的画像・映像について、相談者からの委任を受けて専門のスタッフが投稿者・サイト管理者・インターネット通信販売事業者に対して削除要請を行うものです。年間2万件ほどの削除要請を行っています。

　広報啓発活動は、ホームページやSNSでの情報発信やマスコミへの取材協力を通じて、ぱっぷすが把握する社会問題について広く知ってもらい、加害の抑止と被害者の救済に向けた情報を広く届けることをめざしています。

　アドボカシーは、性的搾取を食い止めるために社会システムや制度への働きかけをする活動です。具体的な成果として、2022年6月に施行した「AV出演被害防止・救済法」の制定があります。この法律の制定を実現できたのは、過去600名近く寄せられてきたAV出演被害者の声をぱっぷすが受け止めていたからです。一人ひとりの声を大事に受け止めて、問題を調査し、社会に広く伝え、社会問題の解決を求めて活動を続けてきました。

性的搾取を維持する強固な構造に立ち向かう

　「性的搾取に終止符を打つ」というミッションの実現に向けて取り組む私たちの活動はソーシャルワーカー、カウンセラー、システムエンジニア、性風俗産業にいた当事者、婦人保護施設元職員、児童福祉施設元職員、弁護士、研究者など多様なメンバーによって成り立っています。ミッションの実現に向けて、それぞれの経験・知識を活かしてさまざまな性暴力の問題に取り組んでいます。

57

しかし、デジタル空間での性暴力の加害行為は巧妙化しつづけており、収益を生み出す強固な構造によって支えられています。性的搾取によって利益を得ている事業者や消費者などから「被害のでっちあげ」などと誹謗中傷をされたり、活動を妨害されたりすることも少なくありません。このことは性差に基づく大きな格差や差別、つまり女性を搾取する構造を維持・存続するための抗いだと感じています。それでも、性的搾取に終止符を打つことができる社会をめざしてこれからも活動を続けてまいります。

Q 11
DV被害者に対して
民間団体はどのような支援をしていますか？

北仲千里

民間DVシェルターとは

　DVや性暴力の被害者支援を行う民間団体は、日本全国にどれくらいあるのでしょうか。筆者の所属する全国女性シェルターネットは、これらの団体をつなぐ全国ネットワーク組織で、現在65団体ほどが加盟していますが、非加盟の団体もあります。2020年に内閣府が行った調査では、回答した団体は120団体でした。これ以外に被害当事者の自助グループや回復支援団体、避難後の生活を支援する団体などもあるので、百数十はあると思われます。

　もともとDVの被害者支援は、世界各国で市民のDVシェルター（女性シェルター）運動として始まりました。日本でも多くのDVシェルターは90年代に、「女性に対する暴力」が議題となった第4回世界女性会議（北京、1995年）を契機につくられました。DVや性暴力は、単なる個人間の問題ではなく、被害者が女性であるためにこうした虐待に遭うのだという問題意識が「女性に対する暴力」（最近では、「ジェンダーに基づく暴力」〈Gender-Based Violence、GBV〉）という言葉にはこめられていますが、その思いから、女性たちが寄付を集め、私財を投じて女性が逃げこめる部屋を確保し、相談支援活動を始め、そのノウハウが徐々に蓄積されてきたというものです。

　ですから、こうした被害者支援活動では、一人ひとりの被害経験に学びながら、その支援を通じ、社会も変えていくのだということが意識されています。世界各国のシェルター運動の関係者と話すと、その思想、姿勢を強く感じます。2019年の第4回世界女性シェルター会議のオープニングでのカムラ・バシンさん（Kamla Bhasin、インドのフェミニスト活動家、詩人、

社会科学者）のスピーチの一節をご紹介します。「友よ、まともな世界には、女性のためのシェルターは必要ないはずです。すべての家庭で、すべての人は愛を感じ、安心を感じられるべきです。しかし、残念ながら私たちはそんなまともな、人間的な世界に住んではいません。私たちは今、家父長的な世界に住んでおり、ここでは女性と少女たちに向けた差別、暴力、侮辱があるのです。家父長制は家庭を、学校を、大学を、職場を、通りや道路を、戦場にしてしまいます。私たちのシェルターでは、少女たちに『女性は人間なのだ』というラディカルなフェミニスト思想を教えて、育てなければなりません。これは世界中での大きな戦争なのです」

民間シェルターが行っている支援

　そして、そんな世界各国の人々と対話をすると、各国の支援者はだいたい同じことをやっているんだなあということに気づきます。日本でも民間団体は、とにかく被害者の相談にのって支援するなかで、世の中でまだ誰も気づいていない問題を発見します。また、自らも被害経験を持つ人（サバイバー）が支援に関わっていることも多くあります。そして、目の前にいる当事者に必要な支援は何でもやるのです。医師が必要になれば手伝ってくれる医師を探し、役所の窓口にも一緒に行ってかけあい、外国語やビザなどのことがわかる人を探して外国人の被害者を支援し、警察や裁判所に一緒に行って、その空気を当事者と一緒に吸い、家探しでその町の家賃相場にも詳しくなります。子どもを連れて逃げることが多いので、託児や子どもの学習支援もします。避難後、就労の練習となる場（お店など）をやっていたりもします。それは他の国も日本も同じです。

日本の民間シェルターの課題

　日本の民間シェルターの特殊性は、いまだに手弁当、ボランティアで支援活動をしていることです。したがって各国に比べ、シェルター施設の部屋数やスタッフ数の面で、かなり規模が小さいといえます。事務スタッフはいない団体が多いという弱点もあります。また、すべての都道府県にあ

るというわけではありません。しかし、社会発信に消極的な日本の公的な支援機関に比べ、メディアなどにも登場し社会に問題提起する民間シェルターは、小規模なわりには存在感があるといえるでしょう。

　他国では、公設民営のようなかたちで、事業の一部または全部が自治体などから民間へ委託されていたり、規模の大きな寄付・基金などで運営されていたりして、スタッフにはきちんと給料が支払われていることが多く、若い人が学校卒業後の就職先としてそれを選んで就業していることもあるようです。ペイ・エクイティ（同一価値労働同一賃金）の原則があるからだと思いますが、自治体職員であろうと、NGO職員であろうと同じ仕事をすれば、同じ給与だというのです。日本ではそうはいかず、初期の創設者は引退の時期にかかってきていて世代交代もあり、活動停止する団体が増えています。その一方で新しい団体がつくられてきてはいます。ただ、どこも、人件費や家賃など基礎的な運営費に困っていることが多いのです。

‖ 重要なのは人、強力な支援チーム──女性支援法に期待すること

　新法では民間団体を対等な連携相手として位置づけており、期待されます。当然ながらそれは、ボランティアでの活動や単なる下請けとして利用するということではないはずです。これまでは自治体によっては、無償での支援を期待することがありました。また、民間から行政につないだ相談ケースをその後も協働で支援することを拒まれたり、旧婦人相談所の支援方針を一方的に押し付けられたりすることがありました。今後はそうではなく、民間との真に対等な連携がつくられることを期待しています。

　しかし、新法施行に際し一番必要だと感じることは、それよりもまず、公的支援機関の抜本的強化です。人の人生を左右するような支援を行うのですから、それは複数名での支援チームとして取り組まれるべきで、大幅な増員と専門性の強化が必要です。しっかりした公的な支援機関があってこその民間との協働だと思います。

　ときどき「建物があいているので、シェルターとして使いませんか」というようなお申し出をいただきます。しかし、支援活動に不可欠なのは、

「部屋」だけではなく、スタッフなのです。行政でも民間でも、被害者を支援するには、「ジェンダーに基づく暴力」（GBV）そのものに加え、法律や心理、福祉・司法の手続きなどのさまざまな知識が必要ですし、地域の関係者との信頼関係を構築してこそ、さまざまな支援を展開できることになります。しかし、日本にはそんな人材を育成する仕組みがありません。そこで全国女性シェルターネットでは、これまでのシェルター活動を通じた経験・ノウハウを教材にし、また各分野の専門家と一緒にGBVの専門支援ができる人材育成プログラムと、力がある支援員の認定を行う事業（「エンパワメント・スクール」https://www.gbv－epschool.or.jp/）を2022年度から始めました。支援には高度に専門的な知識やスキルが求められるにもかかわらず、その重要性や専門的な力が不当に低く評価されているという状況を変えることに役立てばと思っています。

さまざまな人々との連携や協力

　さらに、行政だけでなく企業も大きな役割を果たせるのではないかと思っています。たとえば、近年、デジタル・デバイスを通じた監視や脅しによるDVや、デジタル性暴力★などがどの国でも深刻化しています。それらを防ぐためのSNSプラットフォーム運営事業者や技術者、SNSでの発信者などからの協力も非常に重要です。社会のDX（デジタル・トランスフォーメーション）化がこの問題にもたらす負の影響をきちんと捉え、対策を講じ、啓発に活用し、相談支援にいかせるデジタルツールの開発を行うことなども重要です。そして社員全体への教育を推進してくださる企業も出てきています。

　私たち民間団体は、これからもさまざまな人や団体をつないで、被害者を支援できる社会に変えていくために、勇気をもって自由に活動をしていきます。

★ デジタル性暴力

　デジタル機器やPC、インターネットを用いた性暴力被害のこと。同意していないのに性的動画や画像を撮影される、撮影された性的動画や画像がSNSやアダルトサイトにアップされる、性的動画・画像を相手が保存していて「別れたら画像を拡散させるぞ」と脅される、など。

Q 12
妊娠、中絶、出産で困難に直面した女性は
どのような支援が受けられますか？

妊産婦への支援●慈愛寮

熊谷真弓

一人で産前産後を迎えざるをえない女性への支援

　さまざまな事情で医療的ケアを受けられず、一人で産前・産後を迎えざるをえないことを「孤立出産」といいます。出産後の新生児死亡、遺棄という事件が起きると、その産婦の責任を問う声が多く聞かれる現実があります。しかし、なぜ女性は孤立出産せざるをえないのか、なぜ女性だけが非難されるのか、支援の道はなかったのか、この項では支援を行っている現場から報告します。

　全国の女性自立支援施設（旧婦人保護施設）のなかで、慈愛寮だけが妊産婦支援に特化されています。また、うるま婦人寮では単身女性だけでなく妊産婦・母子での受け入れを実施してきました。それ以外の女性自立支援施設でも妊婦の受け入れをし、出産支援経験のある施設もあります。2019年の厚労省「産前産後母子支援事業」実施を決めた自治体は、婦人保護施設や母子生活支援施設（児童福祉法で規定）で妊産婦支援を始めています。予期せぬ妊娠などについては、行政機関や民間運営など全国に妊娠SOS相談窓口があります。一般社団法人、NPO法人などとして妊婦の受け入れ支援を実施する団体も実践を蓄積しています。

　慈愛寮は社会福祉法人慈愛会が運営し、さまざまな事情で一人で産前産後を迎えざるをえない女性とその新生児・乳児のこれからの生活を支援し

ています。母子合わせて定員40名（個室20部屋）、原則として妊娠36週から産後は5カ月児までを上限に、母子で入所できます。平均入所期間は2〜4カ月です。

なぜ孤立出産が起こるのか──慈愛寮にたどりつく女性たちの実情

　慈愛寮に入所する女性たちは安心できる居所や金銭がなく、一人で産前産後を迎えざるをえない状況となり、やっとの思いで福祉につながります。彼女たちの生活歴、成育歴は過酷です。ほぼ9割は暴力被害の経験者。成育家庭での虐待、性虐待被害の経験者も多く、親の養育放棄、家出など3割の人は養護施設経験があります。生活困窮により、生きていくために「手っ取り早く稼げる」性風俗に入り、そこで暴力被害にあい予期せぬ妊娠をする女性も多いのです。10代で妊娠と中絶を繰り返さざるをえなかった女性。障がいを抱え、親から育てにくい子とされ、適切な援助や医療につながることなく虐待され、家出を繰り返す女性。胎児の父が逃亡あるいは連絡遮断のため頼る身寄りがなく生活困窮の末、福祉につながるのです。

　彼女たちには公的機関の窓口は「敷居が高く」自ら相談に行きがたい。多くの女性はSNSで民間の相談につながり、やっと公的支援にたどりつく傾向が顕著です。外国籍の女性も、日本での就労をめざして来日後、搾取され、だまされて妊娠した人、母国の内紛で難民申請中の人などさまざまです。生活困窮で未受診のまま臨月を迎え「飛び込み出産」をして産後慈愛寮に入所した女性は、医療にかかれずにいたため、性感染症、妊娠性糖尿病にかかり、それによる胎児への影響も出て、出産した病院との連携が欠かせません。日本では、母子手帳が交付されると、基本的に妊婦健診は無料で受けられますが、初診の画像診断などに医療費がかかり、生活困窮の女性は未受診となる人が多いのです。

　また予期せぬ妊娠の末、相手の逃亡などによる葛藤を経て、産後は子を社会的養護に託す選択をする女性もいます。行政上「母子分離」と表現されますが、慈愛寮ではこの表現に異議を唱え「社会的養護利用を考える女性」としています。

このような状況については、今大きな課題となっている内密出産制度について考えさせられます。「内密出産」とは、女性が身元を明かさずに出産することであり、子どもの出生届、子どもの出自を知る権利について大きな課題があります。病院だけが女性の身元を知ったうえでの内密出産制度について議論がすすめられています。

なぜ、産む性を持つ女性だけが命の誕生について苦悩を抱えなければならないのでしょうか？　妊娠は一人ではできず、胎児の父はどうしているのでしょうか？　「逃げてしまう男性」の問題にも焦点を当てなければ、孤立出産はなくなりません。

慈愛寮の実践——母と子双方向からの「これからの私」への支援

慈愛寮の支援の核心は、「母になるのだから」という母性主義的な視点ではなく、ひとりの人間としての「これからの私」への、母と子双方向からの支援です。

日常支援は多様です。妊婦期には、出産に向けての準備支援、健康を取り戻す食事の工夫、陣痛発来による夜中の入院に宿直者と警備員での対応。健康であれば産後5日で退院となり、生まれて1週間もたたない新生児との生活への支援。沐浴、授乳の方法、1カ月健診後の外出に向けての抱っこベルトやベビーカーの使い方、予防接種などの支援。同時並行で、トラウマやマタニティーブルーなどの心理相談、子の認知請求、離婚、負債などの弁護士相談、出生届や各種手当ての申請、児の父や原家族との関係調整、慈愛寮退所先の見通しをたてたうえでの関係機関との調整などが毎日絡み合って進行します。

そのうえで日常に温もりを持たせる支援が各種プログラムや施設行事です。心理職チームは、週5日こころ室を開室。誰でもふらっと立ち寄れる部屋で必要に応じて個別相談、心理療法。こころ室内での手作り品制作。嘱託精神科医の健やか健診も実施します。保健保育チームは、看護師が主となって嘱託小児科医のあかちゃん健診、女性のからだと性（婦人科医）、たばこと薬物の講座（外部講師）、出産準備、産後の母体の健康、新生児期

の周産期支援。保育士は、絵本の読み聞かせや児の足型の思い出づくりなどの保育プログラムを工夫し、失われた子ども期を取り戻し新たに大人になっていく過程を支えます。育児技術だけでなく「私も保育してもらいました」との発言が出るほどです。栄養調理チームは、ミニクッキング（個別）、離乳食相談、毎月の誕生会のご馳走や季節行事食の提供を通して「慈愛のごはんはおいしい」と評判。こころの栄養支援となっています。支援員は、支援の要として「個別自立支援計画」を本人と相談して作成し、関係機関と連携し生活再建の見通しを立てていきます。法律相談、SNSの学習、個別の性の学習、暮らしのセミナーなどのプログラムも担当。10代の若年女性中心に学習支援、就学・就労相談も実施。直接支援職ではない事務員、整備美化員、警備員は、女性たちが生活のなかで働く姿を身近に見て暮らしていく存在として、大事なスタッフです。多職種が傍らにいて連携し「自分で選んでいく」力を持てるよう支援しています。退所後のアフター支援は求めに応じ、できるかぎり実施します。

課題

縦割り行政の打破

　妊産婦支援は、行政上母子保健と児童福祉が主流です。女性支援法の施行によって、縦割り行政の壁を打破し連携した女性支援の施策が必要です。

　支援が必要な母子への支援策としては、児童福祉法の母子生活支援施設より小規模の里親制度の利用、あるいは、地域のなかで母子を支援するホストファミリーというべき、児童福祉法によらない支援策、障がい者総合支援法のグループホームを母子で利用できる方法への改革、さらには、母子だけでなく児の父もふくめたファミリーサポート制度の開拓が必要です。

医療との連携

　産婦人科医療と精神科医療の連携は必須です。孤立出産、中絶などの経験を経る女性たちの成育・生活歴は、精神科医療、心理的支援が欠かせません。産科的に問題はないとしても心の治療を含めた連携体制の構築が課題です。

人権としての性教育の実施

　自身の性を大切にする価値観を形成する人権としての性教育は、最も重要な課題です。慈愛寮にたどりつく女性のほぼ9割は暴力被害経験があり、大半は性暴力被害経験者です。施設内で具体的な性のプログラムを実施していますが、根本的には、日本でのセクシュアル・リプロダクティブ・ヘルス／ライツ（性と生殖に関する健康と権利）の理念の普及、その実践である包括的性教育の実施が大きな課題です。

★ 包括的性教育

　身体や生殖の仕組みだけでなく、人間関係や性の多様性、ジェンダー平等、幸福など幅広いテーマを含む教育のこと。2009 年にユネスコや世界保健機関などが共同で発表した「国際セクシュアリティ教育ガイダンス」で提唱された。

■性と生殖に関する健康と権利の保障をめざす民間団体の支援◉ピッコラーレ

中島かおり

‖ 特定妊婦のための制度がたりない

　「妊娠したかもしれない」「妊娠しているがどうしてよいかわからない」というような妊娠における葛藤を「妊娠葛藤」と呼んでいます。認定NPO法人ピッコラーレは「にんしん」をきっかけに、誰もが孤立することなく、自由に幸せに生きていくことができる社会をめざして、妊娠葛藤相談窓口「にんしんSOS東京」や、漂流する妊婦のための居場所「ぴさら」の運営や研修、政策提言活動などを行っています。

　ピッコラーレが運営する妊娠葛藤相談窓口「にんしんSOS東京」には2022 年度、1972 人の方から相談が寄せられ、対応件数は 9049 件にのぼりました。相談者の3人に1人は妊娠中期以降に入ってからの相談で、すでに臨月に入り「お金がないので病院に行けていない」「今日泊まる所がない」「気がついたらお腹が大きくなっていた」という状況のなか、いつ出産してもおかしくない方もいました。やっと出した「助けて」という声を受

67

け取ったとしても、出産する病院の確保、受診のための費用、妊娠から出産・産後を過ごすための居場所など「もう大丈夫」と言い切れるだけの制度は残念ながらまだまだ足りません。彼女たちは、「出産後の子どもの養育について出産前において支援を行うことが特に必要と認められる妊婦」だとされ、「特定妊婦」と呼ばれます。特定妊婦は児童福祉法に書かれていますが、児童福祉法を根拠法とする制度のなかに特定妊婦のためのものはほとんどないため、これまで売防法やDV防止法などを根拠法とする制度を転用してきた現実があります。

妊娠が困りごとになる私たちの社会

　ピッコラーレでは、2919人の相談者の声を整理・分析しまとめた『妊娠葛藤白書――にんしんSOS東京の現場から2015－2019』（2021年）を発行し、妊娠葛藤を生み出す社会背景を浮き彫りにしました。次ページの図は、そこに掲載した「妊娠葛藤を強化する要因」の図です。

　この図では、妊娠葛藤をもたらす要因をあげ、それらがどう関係しあっているかを示しました。妊娠葛藤を強化する状況として、経済的な困難、未成年であること、キャリアや学業を優先したいこと、虐待など機能不全家族やDVの境遇、性被害での妊娠などがあげられます。避妊・妊娠・中絶・出産における自己決定がとても困難であるということがわかります。

　一人ひとりの自己決定を支えるには、以下のようなことが必要ではないでしょうか。

　ひとつは緊急避妊薬のOTC化（処方箋なしに薬局で買えるようにすること）です。72時間以内に内服することができれば妊娠を避ける効果が期待される緊急避妊薬は多くの国では薬局で手に入れることができます。文字通り緊急でできるだけ早く内服する必要がある薬であるにもかかわらず、日本はいまだ処方薬のままであることによって病院を受診しなければ手に入れることができません。夜間や休日があるため仕事や学校との調整が必要で、地域によっては産婦人科が遠いなどアクセスが悪いことによって迅速な内服が妨げられていることが自己決定を妨げ、葛藤を強めています。

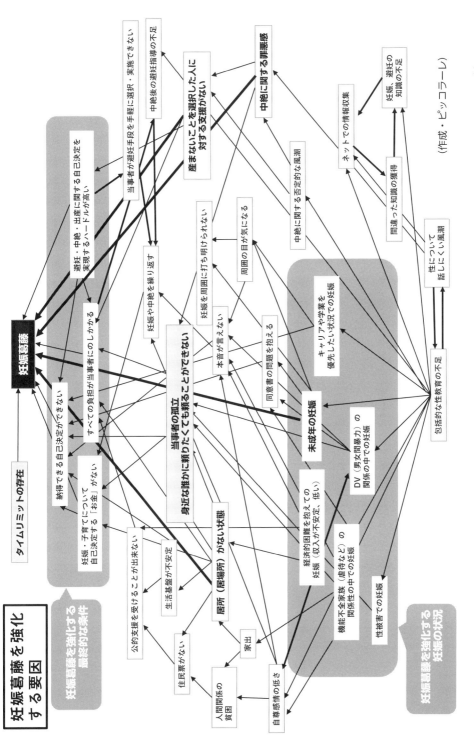

Q12 ●妊娠、中絶、出産で困難に直面した女性はどのような支援が受けられますか？

（作成・ピッコラーレ）

経口中絶薬も同様です。ようやく認可されることとなり、安全かつ安価な中絶へのアクセスが可能になることを期待しましたが、その費用は従来の中絶手術と変わらず10万円を超えるといわれています。中絶薬の服用には配偶者同意が必要で、入院もしくは院内待機が必須であり、中絶を完了しなければ手術しか方法はなく、妊娠9週までの使用に限るという話も聞こえてきています。初期中絶手術は入院を求められないのに中絶薬では入院が必須になるのであれば、10代にとって中絶薬は選択肢にならず、実質使えないものになってしまうことが容易に想像できます。

　また、避妊や中絶、出産はヘルスケアであるにもかかわらず、医療保険の適用外で全額自費であるという問題があります。出産については出産育児一時金という制度がありますが、利用にあたっては保険証を提示すればいいのではなく、さまざまな手続きを必要とします。健康保険に加入していたとしても保険が適用されない、女性の性と生殖に関する医療だけが保険の対象外になっていることは性差別です。

　さらに、刑法には堕胎罪（第212条以下）があり、堕胎をする女性と関わった医師が罪に問われます。母体保護法によってある条件を満たせば人工妊娠中絶が可能になりますが、その場合も配偶者の同意が求められるなど、自己決定を妨げる法律や制度の存在によって「性と生殖に関する健康と権利」（セクシュアル・リプロダクティブ・ヘルス／ライツ〈SRHR〉）がないがしろにされています。法律のなかに組み込まれている性差別を変えていく必要があります。また、公教育における包括的性教育の導入も必要です。

　女性支援法には、特定妊婦という言葉もSRHRや包括的性教育への言及もまだありません。しかし新法の枠組みのなかで支援のあり方が「保護更生」から「支援・福祉」へ転換したことで、困難をもつ女性が「助けて」と言えるように社会のまなざしが変わっていくのではないでしょうか。

　性や生殖に関わる困難にはジェンダーによる非対称性（不平等）があります。だからこそ、次の改正では女性支援法の理念のなかに「性は人権」であることが明記され、この新しい法律がすべての人のSRHRを保障する法律となることを期待しています。

Q 13
市町村ではどのような女性支援ができますか？

戒能民江

新たに、市町村に女性支援の責務が課された

　女性支援法は、従来の婦人保護事業では定められていなかった女性支援の責務を市町村（特別区を含む）にも求めています。これは、女性支援のあり方に大きな影響を与える重要な改革です。

　婦人保護事業の法的根拠であった売防法では、市長は婦人相談員を委嘱することができること（第37条第2項）と市長が委嘱した婦人相談員の費用支弁を定めること（第38条第2項）にとどまっていました。婦人保護事業を実施するにあたっての行政の事務・業務処理基準である「婦人保護事業実施要領」（1963年厚生省通知）においても、売防法上、任意設置とされた婦人相談員を置くことができるのは「原則として、社会環境上必要と認められる地区」であり、婦人相談員は地区の管轄する福祉事務所長の指揮監督の下、福祉事務所内で業務を行うこととされました。さらに、市の婦人相談員は、「常時婦人相談所と緊密な連絡を図るもの」と定められています。

　売春防止の観点から、市に対しても、「社会環境上必要と認められる地区」での婦人相談員の設置を望ましいとしたと考えられますが、都道府県については婦人保護事業の実施主体として、その業務内容を規定するのに対して、市の福祉事務所の役割は都道府県婦人相談所への積極的協力などにとどまっていました。

　いわば、国の事業である婦人保護事業の実施機関は都道府県であり、市は協力者として消極的な位置づけに終わっていたのです。しかし、都道府県からは、相談窓口があり、生活再建の場でもある市の積極的関与を求める声が徐々にあがるようになりました。

女性支援法は支援の基本理念として、「関係機関及び民間の団体の協働」による早期からの切れ目のない支援を謳っており（第3条第2号）、そのすぐ後の規定で、国及び地方公共団体の責務を定めましたが（第4条〜第6条）、地方公共団体には、都道府県だけではなく市町村が含まれます。女性支援法は、市町村に対して、基本計画策定の努力義務（第8条）、女性相談支援員設置の努力義務（第11条）、民間団体との支援の協働ができること（第13条）、支援調整会議設置・運営の努力義務（第15条）を定めるとともに、教育・啓発、調査研究、人材確保および民間団体への援助を努力義務としており、市町村は、広範な女性支援の責務が求められていることを十分理解すべきです。

‖ 市町村の重要性と役割

　基本方針では、広域的な実施主体としての都道府県に対し、市町村は身近な自治体であることに加えて、市町村の重要性として、女性支援に不可欠な福祉制度の実施主体であることをあげています。市町村は、支援の端緒である相談から地域での生活再建までの一貫した支援と、庁内での福祉や教育、保健などの担当部署と市以外の女性支援機関との連携による総合的な支援の担い手です。また、必要な場合は、適切な他市町村や機関へとつなぐ役割も果たします。

　市町村での実際の支援では、市町村庁内の関係部署や他の関係機関との連携による支援を行うために、担当部署の十分な理解と普段からのコンタクトを通した顔の見える関係の形成、情報の共有や他部署や関係機関との調整が必要になります。市町村の女性相談支援員の日常の業務での連携・調整業務は、庁内窓口だけでも、生活保護や生活困窮者自立支援窓口、高齢者・障がい者施策へのつなぎ、戸籍や住民登録、子ども家庭センターや教育委員会、年金、税金、国民健康保険の窓口など多岐にわたります。それ以外に、母子生活支援施設、児童相談所、警察、法テラス、ハローワークなどの就労支援窓口、医療機関、学校や保育園などの連携先があり、女性の抱える多様かつ複合的な困難への対応には、市町村における総合的・

包括的な支援が不可欠なことがよくわかります。

　また、女性支援法では、市町村による基本計画の策定は努力義務とされていますが、市町村の女性支援の責務を具体化するためには、少なくとも、市や特別区では「基本計画」の策定に取り組むことが期待されています。居場所がなく、夜の街に集まってくる若年女性や子どもの問題が顕在化している、外国人女性が多いなど、その地域の特性や社会資源の現状を考慮しながら、地域の女性の実態や支援の現状、問題点を事前に把握したうえで、その地域での女性支援の基本的な施策の具体化をめざして、支援体制の整備と支援内容を中心に基本計画策定に取り組む必要があります。

‖ 地域ネットワークによる支援

　東京都国立市は東京多摩地域のほぼ中心にある都市です。国立市で2019年から実施されている「女性パーソナルサポート事業」は、国立市と民間支援団体の協働による女性支援事業として全国から注目を集めています（Q16および27ページのコラム参照）。行政との協働で支援事業を行っている民間支援団体 Jikka 代表の遠藤良子さんは、同事業の目的の一つに「当事者を中心において、ワンストップで支援できる体制を地域のなかで作っていくこと」をあげています。具体的には、公的機関との連携、地域の社会資源との連携、民間団体、市民、地域の住民との協働を通した支援をめざしています。国立市との協働支援事業のほかに、UR との協働による居住支援や社会福祉協議会や民間団体との連携による食糧支援なども行い、地域での支援ネットワークづくりに取り組んでいます。

　地域における支援ネットワークづくりによってセーフティネットを構築していこうという試みは、生活困窮者自立支援法に基づく自立支援事業から学ぶことができます。生活困窮者自立支援法は、制度の谷間に陥ることがないようにという包括的支援、個人の状況に応じた個別的支援、「待ちの姿勢」ではなく早期の把握をめざす早期的支援、本人の段階に応じた継続的支援とともに、「主人公は地域」を掲げて、国と自治体、行政と民間、民間と民間の連携による地域における支援ネットワーク構築を目標にあげて

73

います。市役所内での「どの窓口でも困りごとに気づいて支援につなげられる体制づくり」と地域の民間団体との連携による「チーム座間」で生活困窮者自立支援事業を進めている神奈川県座間市など、市の先進的な取り組みの好事例が参考になります。

　ただし、地域における支援ネットワークの構築による支援は市町村だけの課題ではありません。地域における支援の中核である都道府県の相談支援のあり方が問われなければなりません。

今、市町村でやれること

　2024年4月の女性支援法施行を前に、市町村からは何をやればよいのか、どこが担当すべきなのかなど、不安や疑問が寄せられています。今やれることはたくさんあると思います。第一に、担当部署を決めること。主担当は福祉系統の部署が多いと思われますが、その場合は、男女担当部署との緊密な連携が必要です。性暴力や性虐待、性的搾取、妊娠や孤立出産など女性性に起因する女性の困難の実態やその背景にある社会のジェンダー構造について、福祉の担当者の理解が十分とは言えないからです。第二に、市町村での女性支援の中心となる女性相談支援員の設置と充実強化が必要です。第三に行政内部の女性支援に関する理解を深め、女性支援や相談に対する認識を変える必要があります。とくに、女性支援の重要性についての首長や管理職の理解が問われます。第四に、民間の女性支援団体の掘り起こしや育成に予算をつけて取り組む。最後に、女性支援について、市民への周知を積極的に行うべきです。女性支援法はあまりにも知られていません。支援が必要な女性たちに届くためには、市民向けの講座などでの周知が欠かせません。

札幌市による若年女性支援へのチャレンジ

月宮広二

　札幌市は、2021年8月より、さまざまな困難を抱える若年女性を対象とした アウトリーチ型の支援事業「札幌市困難を抱える若年女性支援事業」を開始しました。安心してつながれる、相談できる、関係機関が連携するという想いを込め「LiNK」と名付けています。

事業開始のきっかけ

　「LiNK」を始めるきっかけとなったのが、2019年6月に起きた、2歳の女の子の衰弱死事案です。この事案では、当時21歳の母親と交際相手の男が、保護責任者遺棄致死、傷害致死で逮捕されています。札幌市では第三者による計12回の検証ワーキンググループを開き、女の子が死亡にいたった経緯、支援に関わった機関の対応状況の分析、問題点などの整理を行った結果、行政の協働・連携が不足していたことが指摘されました。さらに、本事案の女の子の母親は10代での妊娠、交際相手からの暴力や中絶など、一人では抱えきれない困難にさらされながらも、行政からの支援が十分に行き届いていなかったことが明らかになりました。彼女は休学中とはいえ高校生、18歳で本事案の女の子を妊娠し、出産したのです。

課題を踏まえた提言

　札幌市が指摘を受けた課題のひとつが、「思春期・若年期に焦点を当てた支援の枠組みの創設の必要性」です。当時、この思春期・若年期に焦点を当てた支援の枠組みは、市はもとより、国の施策としても不足している現状でした。たとえば、児童福祉法に基づく支援対象は18歳未満という年齢制限や、母子保健分野では、中絶後の支援に消極的というように、制度の網の目からこぼれ落ちている女性への支援が脆弱であるという実態があったのです。

困難を抱える若年女性とは

　支援策を練るにあたり最初の壁は、行政課題としての認識が共有されていないことや、担当部署が曖昧ということでした。そこでまず、思春期・若年期の女性が抱える困難を理解するために、有識者、公的機関、支援団体などから意見を聞き、検討を重ねました。さらに、高等学校、高等支援学校の女子生徒及び 19 〜 24 歳の女性を対象としたアンケート調査と、かつて困難を抱えていた経験がある女性へのヒアリング調査を行い、彼女たちがどのような困りごとや悩みを抱え、その困りごとを周囲に相談できているか／いたかを把握することに努めました。そのなかで、困難であることに気づいておらず、困っているという意識がなかったといった声や、相談先として、公的機関はほとんど選ばれていないといった現状が明らかとなりました。恋人からの DV、経済的困窮や性的搾取など、周りからみると明らかに支援が必要である状況でも、困っている自覚がない彼女たちにどのように寄り添い、支援につなげていけばいいのか、また、他部署や予算担当部署に彼女たちへの支援の必要性をどのように説明したらいいのかといった課題が次々と出てきました。しかし、二度と悲惨な事案を繰り返さないという決意のもと、政令指定都市として初めての、若年女性を対象とした支援事業をスタートさせたのです。

アウトリーチという挑戦

　行政が行う相談事業は、相談者が困りごとに合う窓口を探して出向くというように、相談者が自ら行動することが一般的ですが、行政とつながりがうすい若年女性たちに支援の情報を届けるためには、こちら側からの積極的なアプローチが必要です。そのため「LiNK」では、定期的に SNS 上のネットパトロールや、繁華街すすきのでの声掛けを実施しています。声掛けの際は、困ったときは「LiNK」のことを思い出してほしいと伝え、相談フォームの二次元バーコードを印刷したカードを手渡しています。事業開始から 2 年、2023 年 7 月時点で、延べ 281 名から相談がありました。誰かに話を聞いてほしい、家に居場所がないという声や、犯罪に巻き込まれていると疑われる深刻な相談も寄せられます。若年女性たちが抱える困難は多種多様であり、

一人ひとりの生きづらさに寄り添いながら、根気強く柔軟な支援が求められます。待っているだけではつながれない彼女たちとつながるための試行錯誤は続いていますが、これからも一人でも多くの女性たちに「LiNK」を届けていきます。

第３部

女性支援はどう変わるか
支援の基本姿勢と支援内容

Q 14
女性支援法によって、実際の支援はどう変わるのでしょうか？

■ 堀 千鶴子

女性支援法における支援理念

売防法には「支援」といった理念はなく、女性支援法において初めて女性支援の理念が明記されました。同法第３条では基本理念として、困難な問題を抱える女性が「それぞれの意思が尊重されながら、抱えている問題・その背景、心身の状況に応じた最適な支援を受けられるようにすることにより、その福祉が増進されるよう、発見、相談、心身の健康の回復のための援助、自立して生活するための援助等の多様な支援を包括的に提供する体制を整備すること」「支援が、関係機関及び民間団体の協働により、早期から切れ目なく実施されるようにすること」が謳われています。これらの基本理念は、従前の女性支援のあり方（保護更生のための指導）を抜本的に転換させるものとして高く評価できます。

これらを踏まえた支援の姿勢として重視されるのは、①当事者の意思の尊重と、それを具体化するものであるアセスメントや支援方針の決定における当事者の参画（Q18参照）、自己決定過程への支援、②支援対象者と寄り添い、つながりつづける支援と各関係機関につなぐ支援、支援が途切れても繰り返しつながり支えていく姿勢、③アウトリーチや居場所などから支援が必要な女性を把握した民間団体などが、支援対象者を支援機関につないだ後も、支援の継続性を保てること、④地域の関係機関・団体との連携による支援など、です。加えて、「自立」の考え方が示されていることも重要です。女性支援における「目指すべき自立」とは、「経済的な自立のみを指すものではなく、個々の者の状況や希望、意思に応じて、必要な福祉的サービス等も活用しながら、安定的に日常生活や社会生活を営めること

を含むものであり、『本人の自己決定』及び『自己選択』が重要な要素である」（基本方針）と規定されています。支援対象者の状況に則した自立を目標に、支援は提供されるものであり、こうした自立観は広く理解される必要があります。

支援内容

　基本方針には、支援内容として、①アウトリーチ等による早期の把握、②居場所の提供、③相談支援、④一時保護、⑤被害回復支援、⑥生活の場を共にすることによる支援（日常生活の回復の支援）、⑦同伴児童等への支援、⑧自立支援、⑨アフターケアが示されています。これらは売防法に基づき制定された「婦人保護事業実施要領」（実施要領）には盛り込まれておらず、基本方針において明記された新たな内容です。どれも重要な内容ですが、ここではとくに新しい点である①、②、⑤、⑦について確認していきます。

アウトリーチによる早期の把握

　女性たちが直面する困難は多様ですが、早期に支援につながっていれば問題の複雑化を防げたかもしれない場合があります。しかし、すべての人が自らの意思で支援を求められるわけではなく、「助けてと言えない（言わない）」女性たち（自らが支援対象であることを認識していない、抱える困難を他者に言えない、支援を受けることにマイナスな感情を持っているなど）がいます。そのため、早期に相談につなげるための方策が必要となります。基本方針では、「国、都道府県及び市町村は、女性相談支援センターや女性相談支援員、民間団体に相談や支援を求めることが可能であることについて広く周知を行う必要がある」として、国や地方公共団体による周知の必要性をあげています。さらに、相談の手法として電話相談や対面だけでなく、SNSなどを活用した多様な相談支援に取り組むことが重要だとしています。また、Q15 で紹介されている Colabo の実践のように、巡回などによるアウトリーチ（潜在的にニーズを持っている支援対象者などを把握、積極的に関わり情報提供や支援を働きかけること）による早期の把握は非常に有効です。都道

府県や市町村には、民間団体への委託などにより、アウトリーチによる早期把握を通じた適切な支援に努めることが求められています。

居場所の提供

Q16で詳述されているように、若年女性に対する居場所の提供を行っている民間団体があります。居場所とは、多義的な言葉ですが、村上は福祉領域における居場所を「実際に人びとが参集し、同一時空間を共有し、安心感・肯定感などの心理的機能や帰属意識・社会的承認などの共同性に関する機能を果たす物理的空間」[★] として定義しています。つまり居場所とは、安心や安全な場としての機能とともに、社会的承認の場としての機能を有しています。基本方針では、居場所について、「民間団体や地方公共団体による、気軽に立ち寄り、安心して自由に自分の気持ちや悩みを話すことができ、必要な場合は支援者と話すことや、他の女性達とも交流することができ、場合によっては宿泊できるような場」と記しており、そうした場は「相談のきっかけ作りに有効」としています。これまでの婦人保護事業においては、支援内容になかった「居場所の提供」を、民間団体だけではなく地方公共団体によっても進められることが期待されます。

被害回復支援

女性は、女性であることによる性的な被害や、暴力被害に遭遇しやすい状況にあり、支援対象者には、心身の被害を受け、支援を必要としている人が少なくありません。しかし、これまでの婦人保護事業には、「被害回復」といった視点はありませんでした。女性支援に「被害回復支援」が盛り込まれたのは、支援対象者の実状に基づくものであり、評価できます。専門的な被害回復支援を行っていくためには医療機関などの専門機関と連携しつつ、医学的・心理学的な支援を行うことが必要です。それと同時に、安定・安心した生活の場での中長期支援が欠かせません。こうした専門的支援を提供するためには、今後、女性自立支援施設などに心理療法担当職員や個別対応職員などの職員配置の充実を図っていくことが重要です。

★ 村上慎司「社会的な居場所づくりと福祉政策—理論的枠組構築のための試論」『医療福祉政策研究』第3巻第1号 2020年2

同伴児童などへの支援

　売防法に基づく婦人保護事業は単身女性を対象としており、女性支援法において、初めて同伴児童への支援が規定されました（第9条、第12条）。基本方針においても、学習支援にとどまらない、心的外傷へのケアや相談支援などを実施し、一人の子どもとして尊重されるようにすることを求めており、子どもへの支援が明確に位置づけられています。さらに、現状では一時保護中の通学は、ほとんど認められていませんが、子どもの教育を受ける権利が保障されるよう、「通学時の安全確保」についても「教育委員会や学校などと連携するとともに、本人及び保護者に対して必要な情報提供を行うものとする」とあります。このことは、安全時の確保を図り通学できる可能性を拓くものであり、検討が急務です。

　以上、新たな女性支援のあり方について見てきました。支援のあり方が真に抜本的に転換できるか否かは、基本理念に則した制度施策の整備、地方公共団体の支援体制の整備、運用、支援者の理解と実践にかかっているといえるでしょう。

Q 15
アウトリーチとはどのような支援ですか？

仁藤夢乃

　私たち Colabo は、虐待や性搾取に遭うなどした少女たちと出会い、つながり、生活を共につくり、虐待や性搾取の現状を変えるための活動をしています。

　私自身、中高時代に家が安心して過ごせる場所ではなく、街をさまよう生活を送りました。家に帰れず、頼れる大人とのつながりを持たない少女たちに声をかけるのは、性売買の斡旋業者か買春者ばかり。そうした現状を変えたい、少女や女性たちが性搾取される以外の選択肢がある社会にしたいと2011年に団体を立ち上げ、当初からアウトリーチの活動を大切にしてきました。

「大人」や「支援」に拒否感のある少女たちと既存の支援

　夜の街やSNSをさまよい、性搾取の被害に遭いながら生きている少女たちのなかには、これまで周囲の大人や学校、児童相談所、警察、病院などの公的機関や専門家に SOS を出しても適切に対応されなかった経験から、大人や公的機関、「支援」に抵抗感や拒否感を持っている人が少なくありません。

　少女が家出をせざるをえなかったり、性搾取の被害に遭ってきたことを、大人が「被害」ではなく「非行」と捉えて責めたり、既存の支援ではハイティーンの子どもたちが利用できる施設や制度が乏しく、相談しても虐待のある家に戻されたり、管理者都合のルールやさまざまな制限によって締め付けられたと感じる経験をしたことなどから、これまでの支援のあり方が女性たちのニーズに合わず、選ばれてこなかったという現状があります。

頼れる人のいない少女や女性たちに声をかけているのは誰か

そうした経験から、助けを求めることをあきらめ、むしろ「支援」が自分たちの自由を奪うものであると認識して、「自分でなんとかしなければ」と思わされている女性が夜の街に多くいます。そうした少女たちを探して「LINEを交換してくれたら1000円あげる」「ご飯食べてる？」「泊まる所があるよ」「住む所も仕事もあるよ」「親に居場所を連絡しなくても生きていけるよ」などと声をかけ、つながろうと熱心に活動しているのが、性売買の斡旋業者や買春者ばかりなのです。彼らは食事や宿泊場所を提供し、「衣食住と関係性」を与えるようにして近づきます。それはけっして「セーフティネット」ではなく、性搾取のための手段です。

少女たちがSNSで「家出少女」「泊めて」と投稿すると、そうした男性たちから次々に声をかけられ、家に居続ける以外の選択肢をいくつも提示されます。彼女たちがそのなかからより安全な選択肢を選ぼうと思っても、性搾取を目的としたものばかりなのです。

出て行って、探し、声をかけ、つながり、関係性を築く

そこで、私たちは女性たちに夜の街で声をかけ、つながるアウトリーチ活動を行っています。性搾取の深刻な新宿歌舞伎町などの繁華街で週に1回程度、宿泊場所提供などの案内を書いた小さなカードや、鏡、コスメなどを女性たちに手渡し、連絡先を交換しながらつながっていきます。20代以上の女性にも性売買から脱するための選択肢を一緒に考えられること、休める場所を提供できることを案内しています。

活動を続けるなかで顔見知りになる人も多く、最近の街の状況を教えてくれたり、家がなく困っている子がいるとつないでくれたりすることや「妊娠したかもしれないけど病院に行けない」と連絡をもらうこともあります。

SNS上でも少女たちに直接声をかけてつながり、やり取りを継続し、投稿から様子を気にかけて、困ったことがありそうな状況をキャッチしたら

すぐに声をかけています。

10代女性無料カフェの取り組み

水曜日の夜には月に数回、新宿や渋谷などの繁華街の路上にピンクのバスやテントを出して、10代女性無料の「Tsubomi Cafe」を開催しています。食事や飲み物、Wi-Fiや充電が無料。食品や生活用品、衣類、コスメやコンドームなどが持ち帰れます。少女たちに利用してもらいやすいよう、大人が「してあげる」場所ではなく「少女たち自身の場所」として、自由に過ごせる雰囲気を大切にし、「相談」や「支援」を目的としない場づくりをしています。

カフェに来た人の名前や状況をいきなり無理に聞こうとはせず、まずは必要なものを自由に持ち帰れるようにしながら、関係性を築くなかで一人ひとりの置かれた状況を知り、本人の希望や意思を確認しながら状況を変えるための選択肢を提示しています。カフェは基本的には20〜24時で開催していますが、少女たちを取り巻く街の状況に合わせて24〜朝5時まで開催したこともありました。

広報ではない「アウトリーチ」

アウトリーチとは、少女や女性たちのいるところに直接出向いて、声をかけ、つながり、顔見知りになって、関係性を築いていくことです。少女たちは、性売買や薬物や犯罪などに誘導する大人があふれるところで過ごしているため、活動には危険も伴いますが、危ないところに少女たちがいるからこそ、私たちがそこに出ていく必要があるのです。

アウトリーチは、単にチラシを配ったり、ネットやSNSに広告を出してホームページへのアクセス数を増やしたりする広報とは違います。窓口が周知されれば自ら相談することができる人への広報とは異なり、アウトリーチは、たとえ窓口を知っていても相談しようとは思えない状況にある人たちを探して、出会い、つながることです。時間をかけて関係性をつくりながら、その人の置かれている状況を共に見つめ、状況を変える選択肢を

提示したり、声をかけつづけるなかで、今後の生活についてどうしていきたいのかを一緒に考えていきます。

具体的に利用できる即時的で柔軟な支援の選択肢が必要

アウトリーチ時には、ただ声をかけるだけではなく、具体的に利用できる柔軟性を持った即時的な支援の選択肢を用意することが大切です。性売買の業者や買春者らも、すぐに必要な食事や宿、お金を提供することを搾取の手段として行っていますが、Colaboでは、名前を言わなくても食事や宿泊ができる場所の提供や、持ち帰れる食品の提供、保険証がなくても受診できる婦人科の紹介などを行っています。その先には、住まいの提供や生活支援も行っています。公的な支援が利用でき、本人の希望がある場合には、役所への同行なども行い、その後もつながりつづけて生活を支えています。

支援の暴力性を認識し、共にあろうとする姿勢が大切

Colaboでは、自身もColaboのシェルターで暮らしたり、バスカフェを利用したりした10代を中心とする20代前半くらいまでの女性がアウトリーチの中心を担い、「少し前の自分たちと同じような状況にいる子たちに、Colaboにつながってほしい」「変な男について行かなくても、力になってくれるところがあることを知ってほしい」と活動しています。少女への声かけは、より近い存在である若い女性がしたほうが効果的です。「大人である」ことだけで、少女たちにとっては脅威に感じたり、説教されるのではないかと思ったり、拒否感があるからです。しかし、若ければいいということではありません。

「助けてあげる」「支援したい」という気持ちが強く押し付けがましかったり、少女たちを「支援が必要な人」と対象化していたりする人のことは、彼女たちはすぐ見抜きます。

大切なのは、「共にある」こと。路上や性搾取のなかで生きる少女たちの置かれた状況について、「かわいそうな子どもたちを助けたい」ではなく、

自身の問題・責任として、この現状を変えるために行動しようという姿勢です。「支援」には暴力性が伴うことを認識し、「支援する／される」という関係ではなく、この現状を変える一人として共にあろうとする。そういう姿勢を持ち、体現することが大切です。

Q 16
居場所とは何でしょうか？

日中の居場所・まちなか保健室◉若草プロジェクト

大谷恭子

若年女性にとって居場所の必要性

　どんな支援を必要としている人たちにとっても、まずはその人たちの居場所が必要です。なかでも、いまだ家庭や学校に安全・安心な居場所が必要であるはずの成長過程の少女たちがこれを失い、かつ無防備なまま社会に放り出されると、性被害や性搾取被害にあいやすく、さらに孤立した精神は自傷行為や自死傾向とも隣り合わせです。地域で子ども食堂や子どもの成長に関わる活動をしている人たちの実感としてよく聞かされるのは、「ヤンチャな男の子は地元に残る、気になる女の子は地元から消える」ということです。

　家庭や学校で居場所を失い、支援が必要だと思われる気になる少女は地域社会にも居場所を持てず、隣町や繁華街に出て、より孤立していきます。

　若草プロジェクトは、団体立ち上げ早々に若年女性のための居場所づくりに取り組み、シェルターやステップハウスを提供してきました。民間団体が設営するシェルターですから部屋数も数室しかなく、いつも満杯です。在所期間も当初は、3カ月くらいを想定していましたが、そんなに簡単に出先が決まるわけはなく、現在平均6カ月くらいの在所期間となっています。出先も大学生や就労している人ならアパートでの自立生活に誘導していましたが、いまだ18〜19歳の女性が、さまざまな困難を抱えながら一

人暮らしをするにはますますの困難を伴います。そこで定期的な見回り程度の緩やかな支援のあるステップハウスを開設し、ここで自立準備期間を過ごすことにしました。しかし、ここも数室しか持てず、居場所を必要としている人たちには足りません。でもこれ以上ハウスを増やすには、人もお金も足りませんでした。

‖ まちなか保健室の開室

そこで私たちは、家出とステイホームの中間に、日中の居場所としてまちなか保健室を開室しました。今すぐ家を出なくても何とかしのげる人は家にとどまり、日中のシェルターとして保健室で過ごす、ということです。学校の教室に入れなかった子が、保健室を逃げ場所にしていたように、まちなかにもそんな逃げ場所、居場所があったらいいのにと。場所もできるだけ少女が来やすい、まさにまちなかにあって、いつでもふらりと逃げ込める場所、私たちはそんな場所として、いつの間にかガールズの街となった秋葉原と古くからの学生街のお茶の水の中間の神田川沿いに古民家を見つけました。

運営には地元千代田区の女性たちも関わってくれています。もちろん千代田区の少女たちばかりが来るわけではありません。東京全域、千葉や埼玉からも来ますし、ここをめざして遠方から家出してくる少女もいました。まちなか保健室を始めて、ますますこんなふうな日中だけでもいい居場所が求められているのだと実感しました。

まちなか保健室では、とくに何もしないでもいいし、スタッフとおしゃべりをしてもいいし、勉強してもいいし、各自が自由に過ごしています。でも学校の保健室がそうであったように、そこに行けば必要な情報が得られ、専門家による相談も受けられるように、心理相談、助産師や医師による体の相談、弁護士による法律相談、キャリア相談、福祉生活相談などと専門家の協力を得て多彩なメニューを用意しています。また、成長過程の若年者たちは、ひとたび落ち着けば学習意欲は旺盛です。保健室では、物づくりや英会話、パソコン教室、音楽教室などのエンパワーメントする講

座も開いています。

　週6日開室し、おやつや軽食をとりながら、ここでは常に複数の女性の声が聞こえてきます。

アウトリーチの拠点としてのまちなか保健室

　まちなか保健室は、若年女性ならだれでも自由に行ける場所です。コロナの頃は密を避けるために予約制にしていましたが、それでも予約してないからと入室を断ったことはありません。繁華街と学生街の外れにあって、いつでも行きたいときに行ける場所、そんな場所が彼女らの居場所として根付き、かつ実はここはアウトリーチの拠点でもあります。繁華街や学生街の女性たちに声をかけ、困ったときは近くにある保健室に来てねと声をかけるための拠点でもあり、実際、チラシを受け取った女性や前を偶然通りかかった女性がふらりと立ち寄れる場所でもあります。

全国にまちなか保健室を！

　いつでも行っていい場所があって、そこにいることを否定されず、受け入れられている場所があるということは彼女たちの心の支えにもなっています。そんな居場所が全国津々浦々にあれば、彼女たちは生まれ育った地域で支援を受けることができ、地元を離れざるをえなくなるようなことは減少していくのではないでしょうか。

自由で安心できる居場所づくり●くにたち夢ファーム Jikka

遠藤良子

自由で安心できる居場所へ

　Jikka には家族からも地域からも孤立している女性たちの助けを求める声が全国各地から寄せられます。DVや虐待を受け誰にも話せず相談もで

91

きないで一人で抱えて悩み引きこもりがちになり、どうしていいかわから
ないまま気持ちが追い詰められ、結果精神疾患になってしまったり、自傷
行為が続くという相談が少なくありません。そういう方たちは公的相談機
関に一度は相談していますが、その時の対応に傷ついて二度と相談したく
ないという方もいます。また家族や友人に話しても無理解で二次被害を受
けることもあります。そもそも自分が隠したいと思うことを相談すること
自体ハードルが高いものです。そんな時にそのことを安心して話せる場所
があり、いつでも自分が行きたい時に行けて話したい時に話せる自由で安
心な場所は、困難からの脱出の入口としては必須のものです。Jikka では
できるだけ気安く、自然に入ってこれる空間づくりを意識しています。

生き抜いてきた仲間とともに

　また、そこに行けば同じ体験をした人に出会うことができる、苦しいの
は自分だけではない、一人ではないと思えることは大きなことです。さま
ざまな困難を抱えながらそれでも何とか生きてきた仲間がいると知ること
は孤立感をやわらげてくれます。家があり家族がいても、そこが居場所で
はなくなっている女性たちは家の中のホームレスです。社会から見えなく
されているために存在自体を知られていない。そんな女性たちが社会との
接点をもち自分を取り戻し回復していくためには、自分の存在が受け入れ
られ、その苦しさが理解され、共感される拠り所となる居場所が必要で
す。Jikka は誰でもきていい居場所としてオープンスペースを開いていま
す。特別な人が特別な支援を受ける場所ではありません。ですからいろん
な人がいるのでいろんなことがおこります。でもそこで他者を拒絶せず距
離をとりながら関わりをもちつづける力をつけていくことに意味がありま
す。それが居場所効果です。

人と関わりながら力を取り戻す

　人は一人では生きられない。でも人にさんざん傷つけられてきたので人
が怖い。そういう人たちが、怖いけど、でももう一度人と関わり人を信じ

てみようと思えるようになるには時間がかかります。それは、医療や福祉という専門的なサポートだけでは得られません。やはり、社会のなかで社会の一員として、人と関わり傷つくこともあるけれどそれでも何とかなるのだという体験をし、置き去りや無視や排除ではなく、何があっても一緒にいてくれる人がそこに行けばいるということを体験することでしか得られません。そうした場をできるだけ自然体でみんなでつくっていくことが目標です。特別なルールはありません。長い間支配とコントロールの下で暮らしてきた人が自分の気持ちのままに振る舞い自分で考え自分で判断する力を取り戻すのは、容易なことではありません。スタッフはそれに付き合いながら見守りつづけます。できるだけ自然なまなざしと自然な言葉かけで付き合います。

みんなでつくるみんなの心の拠り所

　2015 年に NPO 法人くにたち夢ファーム Jikka を立ち上げました。そして、DV・虐待などさまざまに生きづらさを抱えた女性たちの開かれた居場所として活動を続けています。

　具体的には月曜日〜金曜日の 11 〜 16 時がオープンの時間です。月曜日はお休み処（月 2 回はフードパントリー〈食品を必要とする人に無料で食品を配布する活動〉）、火曜日は手仕事の日（繕い物など）、水曜日はハンドメイド部（手芸や小物づくり。作品はネット販売も）、木曜日はお休み処と Jikka 図書室の日、金曜日は縁側の日（相談日で電話や面接相談）、土曜日は月 2 回 Jikkafe を 13 〜 15 時まで。平日は来られない人が顔を見せてくれます。常時コーヒーメーカーのコーヒーがありますが、Jikkafe では手入れのドリップ珈琲を入れて軽食やお菓子付きで出します。一応こうしたメニューはありますが、何もしないで寝っころがっている人、おしゃべりしてる人、黙ってお茶してる人と人それぞれです。毎日お昼ごはんだけは当番スタッフが作ります。約 10 食分くらいは作ります。これもその時に食べたい人が食べます。予約も注文もとりません。

　年に何回かイベントを開催します。春と秋にはガレージセール、ハンド

メイド部の発表会でもある「手作り市」もやります。2022 年からは「アフリカの布展」を開催しています。アフリカガーナで子どもたちのシェルター活動をしているグループとつながり、アフリカの布やその布で作った洋服や小物やカバンを販売し、その売り上げの一部をそのシェルターに寄付します。

　また 2022 年からは当事者のための「夕焼けダイアローグ」を始めました。

　Jikka のコンセプトは「私の実家から私たちの実家へ」です。居場所とはみんなでつくるみんなの心の拠り所なのではないでしょうか。

Q 17
一時保護所とは何でしょうか？
どのような支援が受けられますか？

堀 千鶴子

一時保護の概況

　女性相談支援センターには、一時保護所の設置が義務づけられています（女性支援法第9条）。2021年に一時保護（委託を含む）された女性は3093人、同伴家族は2444人、そのうちの約98％が18歳未満の子どもです。なかでも最も多いのが幼児であり、乳児と合わせると約6割が未就学児となります。同年度に一時保護を利用した女性の68％が「夫等からの暴力」を理由としており、交際相手・子・親・親族からの暴力を合わせると全体の約85％が暴力被害を保護理由としています（厚生労働省家庭福祉課調べ）。一方で、住居の喪失や帰宅が困難である、暴力以外の家族親族の問題を抱えている、経済的に困窮している、妊娠しているなど、支援対象者が一時保護を必要とする理由は多岐にわたっています。

　このように現在の一時保護所は、DVなどから避難し居所の秘匿が必要な支援対象者と、地域でのつながりを維持することが必要な対象者が混在しています。そのため後者も、通信機器の使用禁止や外出制限など、制約の多い不自由な生活を強いられるといった課題が生じています。その他にも、これまでの一時保護所には、支援へのつながりにくさ、一時保護（委託）基準の欠如、支援内容の充実などの課題が指摘されています。ここでは、一時保護所の状況や課題、女性支援法の下での新たな方向性について見ていくこととしましょう。

一時保護委託

　女性相談支援センターは、併設の一時保護所以外に外部への一時保護委

託を行っています。委託は、一時保護所が満員である場合や、加害者の生活圏内に同所がある場合、若年被害女性などですでに民間支援団体とつながっており支援を継続することが望ましいなど委託先での保護がより適切である場合などに行われます。これまでも一時保護の委託基準はありましたが、新たに策定された「困難な問題を抱える女性への支援に関する法律第9条第7項の規定に基づき厚生労働大臣が定める基準」では、以下のように女性支援に関わる活動実績年数を明記するなど、基準が明確になりました。こうした基準によって、支援の質を担保しています。

　　一　地方公共団体、社会福祉法人、医療法人、公益・一般社団法人、公益・一般財団法人、特定非営利活動法人、その他の法人又は困難な問題を抱える女性への支援に関する法律に規定する困難な問題を抱える女性の保護の実施に係る活動実績を3年以上有し、かつ、宿泊を伴う困難な問題を抱える女性の保護の実施に係る活動実績を1年以上有する者であること。

　　二　困難な問題を抱える女性の一時保護の用に供する施設として特定した施設が、不特定多数の者に開放されておらず、かつ、委託一時保護所に入所した女性の安全及び衛生の確保並びに一時保護対象者のプライバシーの保護に配慮した設備を有していること。

　一時保護のニーズは多様であり、対象者の状況に応じた適切な保護のためには、多様な委託先の検討及び活用が求められています。そのため厚生労働省は、民間団体への一時保護委託の積極的活用を通知しています（2018年6月）。

┃一時保護へのつながりにくさ

　一時保護者数（委託を含む）は、2015年度に9694人（支援対象女性・同伴家族）と1万人台を割り込み、以後、減少が続いています。かねてより、一時保護所のつながりにくさが指摘されています。その要因は多様ですが、一つには、一時保護所の制約があります。「婦人保護事業等における支援実態等に関する調査研究」（2018年）によると、若年女性や同伴児のいる女性、

妊産婦が一時保護につながらない理由は「同意が得られない」が最多でしたが、その要因には「仕事や学校を休みたくない」「携帯電話やスマホが使えない」「外出が自由にできない」「同伴児が転校または休校しなくてはいけない」などがあげられています。

さらに、障がい（児）者、高齢者が一時保護につながらない理由には、介助者の不在やバリアフリー設備の不備、適切な委託先のなさといった理由が見られます（同上2018年）。一時保護所の環境整備とともに、対象者の状況に応じた委託先の確保と活用が必要であることがわかります。

また、一時保護にあたって、二度と加害者の元に戻らないなど、厳しい覚悟を求められることも一時保護を躊躇する要因となっているとの報告があります（「大阪府における保護を必要とする女性への支援のあり方について提言」2018年）。

加えて、一時保護所退所後の見通しが立たないと一時保護が行われないなど、本来であれば保護が必要にもかかわらず保護されない場合があるといった指摘もあります（基本方針）。これらのことから、基本方針では、「必要な一時保護（一時保護委託を含む。）を適切に実施する必要がある」ことを明記しています。誰一人とりこぼさない支援のために、必要な人を保護することが肝要です。

‖ 一時保護（委託）の要件

これまで、ナショナルスタンダードな一時保護基準はありませんでした。そのことも、必要であるにもかかわらず保護につながらない人を生んでいた要因の一つといえます。「困難な問題を抱える女性への支援に関する法律施行規則」において、初めて、以下のような一時保護（委託）における基準が明確になりました。

　①性暴力や性的虐待、性的搾取等による性的な被害等を防ぐために、支援対象者を緊急に保護することが必要と認められる場合、②配偶者からの暴力から保護することが必要な場合、③②に該当する場合以外で、同居する者等からの暴力から保護することが必要と認められる場

合、④ストーカー行為等の規制等に関する法律に規定するつきまとい等又は位置情報無承諾取得者等から保護することが必要な場合、⑤出入国管理及び難民認定法に規定する人身取引等により他人の支配下に置かれていた者として保護することが必要な場合、⑥支援対象者が定まった住居を有さず、又は心理的虐待など何らかの理由で帰宅することで心身に有害な影響を与えるおそれがあると認められる場合、⑦支援対象者について、その心身の健康の確保及び関係機関による回復に向けた支援につなぐために保護することが必要と認められる者、⑧その他、一時保護を行わなければ、支援対象者の生命又は心身の安全が確保されないおそれがあると認められる場合。

これらのうち、①はこれまで看過されてきた性被害の防止を目的としたものであり、「性被害」を明示したことは重要です。⑦は、まったく新たな基準であり、評価できるものです。支援対象者の多くが精神や身体を傷つけられており、心身の健康回復が必要であるという女性支援法の基本理念に基づくものであり、疾病や障がいを有していても保護を可能とするものです。

一時保護所における支援

一時保護所では、安全な居場所の提供、生活再建に向けた支援（日常生活支援、同行支援、就労支援、法的対応支援、福祉サービスなどの利用申請など）、心理的ケアなどが行われています。他方で、保護された女性に緊急受診が必要となった場合、スムーズに受診できる医療機関が少ないといった課題があります。健康回復のための支援には、医療機関との連携体制の構築は欠かせません。

上述したように、一時保護所には子どもが保護されています。保護された母親は身体的・精神的にケアが必要なことが多く、また一時保護所退所後の生活準備に追われ、子どもへのケアが手薄となってしまうことがあります。保育や学習支援などを含めた、子どもに対する支援の充実が必要です。

さらに一時保護所入所を躊躇する要因の一つである通勤・通学の制限について、基本方針では新たな方向性が提示されました。一時保護期間における支援対象者の通学・通勤について、安全上の問題がなく、本人が通学・通勤を希望している場合、可能なかぎり通学・通勤できるようにする（可能な施設に一時保護委託を行うことを含め）といったものです。子どもに対しても、通学時の安全確保についての検討が記載されました。支援側にとっては難しい検討といえますが、ニーズに即した支援の提供という観点からは、非常に大切です。

女性支援法の理念に基づき、支援対象者及び子どもに必要な支援を全国どこででも提供できるよう支援体制の整備が肝要です。

売防法に基づき制定された「婦人保護事業実施要領」では要保護女子の「更生指導」が一時保護の目的の一つとされていました。そのため同所では「判定」や「行動観察」が行われてきました。女性支援法の施行に伴い、同実施要領は廃止され、今後は「保護更生」を目的とした「判定」や「行動観察」は実施されないことになりました。このことは、「保護更生」から「女性の意思を尊重し本人の立場に寄り添う支援」に基づく一時保護への転換としてきわめて重要です。

Q 18
基本方針でふれている
アセスメントとは何でしょうか？

| 堀 千鶴子

‖ アセスメントの意義

　女性支援法の基本理念には、「困難な問題を抱える女性が、それぞれの意思が尊重されながら、抱えている問題・その背景、心身の状況等に応じた最適な支援を受けられるようにすること」（第3条）が明記されています。このような女性支援法の理念に基づき、さまざまな困難な問題を抱えた支援対象者に、最適な支援を提供するために必要なのがソーシャルワーク実践です。また、基本方針には、「相談支援に当たる職員は、相談支援に係る専門的な技術を持」って支援を行うとの記載があります。福祉領域における相談支援に携わる職員（以下、ワーカー）が共通に有する「相談支援に係る専門的な技術」が、ソーシャルワークにほかなりません。

　ソーシャルワークとは、「社会福祉援助のことであり、人々が生活していく上での問題を解決なり緩和することで、質の高い生活（QOL）を支援し、個人のウェルビーイングの状態を高めることを目指していくことである★」とされています。そこには、ミクロレベルでの個人や家族等困難を抱える人への支援と、困難をもたらす地域や社会環境を改善するための働きかけ、必要な制度や施策を求めるマクロレベルの活動が含まれています。

　ソーシャルワークは、ケースの発見から、アセスメント（事前評価）、プランニング（支援計画策定）、インターベンション（支援の実施）といった支援の展開過程を重視しています。そのなかでも、重要な役割を果たすのがアセスメントです。基本方針において示されているように、「的確なアセス

★ 日本学術会議第 18 期社会福祉・社会保障研究連絡委員会「ソーシャルワークが展開できる社会システムづくりの提案」2003 年 2

メントに基づき、最大限に本人の意思を尊重しながら支援方針等を検討し、支援に必要な関係機関の調整等を進めていく」ことが肝要といえます。

アセスメントとは、課題解決の方法を導き出すために、支援対象者とその困難を取り巻く状況について総合的に把握、理解する段階です。そして、その結果から必要な支援や働きかけなどを明らかにし、支援方針や支援計画を策定していきます。つまり、アセスメントは、ソーシャルワーク実践の方向性を左右する要となります。

2018年に実施された「婦人保護事業等における支援実態等に関する調査研究」によると、婦人相談所（現女性相談支援センター）が行っている支援のうち「個別支援計画」の策定は約7割にとどまり、3割の婦人相談所が不足している支援内容としてあげていました。支援計画策定のためには、アセスメントは欠かせないものです。支援対象者にとって、アセスメントに基づく個別支援計画の策定自体が、重要な支援内容であり、継続的支援につながった者すべてに行う必要があります。

アセスメントの方法

アセスメントとは、面接や関係機関などの資料などを通じて、支援対象者や家族（必要かつ可能な場合に限る）、関係者や関係機関などから必要な情報を収集し、その情報を整理・分析する作業のことをいいます。これらを通じて、支援対象者やその取り巻く環境について把握し、今後のめざすべき方向性や、そのためにどのような取り組みを行えばよいかを判断するために、詳細な情報を収集し、分析するものです。ワーカーには、支援対象者と信頼関係を構築し、必要な情報を的確に集めることができる情報収集力が求められます。ただし本人以外からの情報収集に関しては、本人の承諾を得ることが不可欠です。

収集する情報のなかで、支援対象者からの情報はとくに重要であり、それは主に面接を通じて収集されます。アセスメント時における面接の特質として、岩間は、①クライエントの世界に近づくこと、②面接を通してクライエントの気づきを促進する、③クライエントの変化を継続的に捉える

こと、をあげています。[1]①のクライエントの世界に近づくとは、面接時に、ワーカーが一方的に問題を規定するのではなく、クライエント本人の側に立ち、そこからの評価の視点をもつことの重要性を指しています。②では、面接は情報収集の場ですが、ワーカーとクライエントの協働作業の場でもあり、クライエントにとっても気づきを得るなど、有益な場となることが求められています。③については、時間の経過に伴う継続的なアセスメント活動の必要性を指摘しています。アセスメントは、支援の開始時という特定の時点での1回限りのものではなく、時間の経過や、状況の変化、新たな課題の発生時など、必要に応じて繰り返し行われます。

　アセスメントのために、最小限必要とされる情報には、①身体的側面、②精神的側面、③日常生活面、④経済的側面、⑤居住環境面、⑥社会交流面、⑦家族関係面、⑧職業生活面、⑨自己実現面、⑩その他、などがあります。[2]その他にも、生育過程や暴力などの被害状況、同伴家族の状況などの情報が必要になることがあります。とくに暴力被害などがある場合、危険性や緊急性の把握も大切です。これらすべての情報をすべての人から収集するわけではなく、人によって必要な情報やその詳細さなどには相違があります。支援対象者に応じて、収集すべき項目を判断していくことになります。

アセスメントの留意点

　アセスメントの留意点として、当事者の参加と当事者中心の視点を持つことがあげられます。基本方針では、「一時保護が必要な場合や、女性自立支援施設への入所が必要である場合、各種のサービスを組み合わせながら支援を行う必要がある場合などを中心に、健康状態が許さない場合等の例外を除き本人の参画を得て個別支援のための計画の策定に努める（下線筆者）」ことが明記されています。このことは当事者参加による、当事者中心

★1 岩間伸之「ソーシャルワークにおけるアセスメント技法としての面接」『ソーシャルワーク研究』26（4）2001年12

★2 奥村ますみ「実践課程に沿った記録」副田あけみ・児嶋章吾編著『ソーシャルワーク記録理論と技法』勁草書房 2006年 58

のアセスメントに基づく支援計画の策定を意味しています。当事者は、アセスメントから支援計画策定にいたるすべてのプロセスに参画するものであり、ワーカーが必要に応じて参加を判断するものではありません。当事者の参加の可否は、当事者自身が決定する事柄にほかなりません。また当事者中心であるということは、ワーカー側からではなく、当事者側からの視点で、状況や背景を理解しようとすることです。ワーカーには当事者の意向を丁寧に聴き、当事者から学ぶ姿勢が求められます。こうした当事者の参加、当事者中心であることは、女性支援法の基本理念である支援対象者の意思の尊重の具現化です。

　さらに、アセスメントにおいては、当事者やその取り巻く環境のストレングス（強み、良さ、能力、可能性など）に目を向けることが大切です。アセスメントにおいては、支援対象者の抱える困難に焦点を当て、それらばかりに着目した情報収集や分析が行われがちですが、支援対象者やその環境の持つストレングスを適切に評価することが重要です。当事者のストレングスを活用しながら、回復や生活再建を支援していくことが求められます。

Q 19
新しく設けられた支援調整会議の
意義と役割について教えてください

堀 千鶴子

なぜ支援調整会議が必要なのか

　困難な問題を抱える女性は、性虐待・性暴力・性搾取といった性被害、DV、居所なし、生活困窮、家族関係の破綻や居場所のなさ、予期しない妊娠・出産・中絶、障がい、心理的ケアの必要性など、複雑化・多様化した課題やニーズを抱えていることが少なくありません。こうした課題やニーズを解決するためには、多様な関係機関・団体（以下、民間団体を含む）との連携・協働による切れ目のない支援の提供が必要です。また、人の生活は身体的・精神的・経済的・社会的側面など、さまざまな側面を有しています。そのため、支援は多様な側面から行われることが大切です。支援対象者のニーズに即して、早期から切れ目ない支援を提供するためには、関係機関・団体による円滑な連携・協働の確保が重要となります。そして支援に関わるすべての関係機関・団体には、対等な関係の下で連携を深め、当事者を中心とした支援を適切に提供することが求められます。

　また、地域における困難な問題を抱える女性の状況や、女性支援に関わる社会資源の実態や課題を把握するためには、関係機関・団体との情報共有や連携が不可欠です。そのことは、地域に必要な新たな社会資源の創出にもつながります。こうした取り組みは、困難を抱える女性を包括的に支援するための体制の整備といえます。

　このような関係機関・団体の協働による早期からの切れ目のない支援や、多様な支援を包括的に提供する体制の整備は女性支援法の基本理念であり、それらを具現化するものの一つが「支援調整会議」（第15条）です。同会議は、支援ネットワーク構築の要となるものとして期待されるものです。

2018年の厚生労働省による「困難な問題を抱える女性への支援のあり方に関する検討会」においても、支援ネットワーク構築のために関係機関連携会議の設置が要望されており、まさに現場の求める会議体といえます。

支援調整会議とは何か

女性支援法では、都道府県及び市町村の努力義務として支援調整会議の組織化を明記しています（第15条）。同会議は、支援対象者への支援を適切かつ円滑に行うために必要な情報の交換を行うとともに、支援内容に関する協議を行う場です。つまり同法で重視されている「関連施策の活用」（第5条）や「緊密な連携」（第6条）を具体化する場といえます。

支援調整会議の組織化や運営の具体的なあり方は、各地方公共団体に委ねられていますが、女性支援法によって初めて法定化された会議体ですので、実施は始まったばかりです。そのため、本項では以下、基本方針に示された案をもとに、同会議について説明していきましょう。

支援調整会議の目的

支援調整会議の目的は、次のようにあげられています。

①構成員が地域における困難な問題を抱える女性の実態や、地域で活用できる資源を把握し、多機関間の連携強化を図るとともに地域資源の創出、開発を進めること

②支援対象者が個々に抱える問題や本人の意向、支援の実施における留意事項を共有し、支援に関わる各機関の役割や責任及び連携の在り方を明確化すること

③個別ケースについての支援調整会議では、健康状態が許さない場合等の例外を除き本人の参画を得た上で、アセスメントを踏まえた支援方針の決定等について協議し、本人の状況や意向等に合わせたより良い支援の選択肢を提供し本人が選択できるよう、様々な視点から検討し協議すること

④行政機関と民間団体等が協働してあるいは並行して支援を行う際に、個人情報の適正な取扱いを確保しつつ効果的な支援を行うため、支援対象

者についての情報を共有すること

　このように、マクロレベルでの地域の支援対象者の実態把握や女性支援体制に関わる内容から、ミクロレベルの個別対象者に関する協議まで、目的は多様です。そのため、実際の会議運営は段階を分けて実施することが想定されています。また、とくに個別ケースの会議では女性支援法の基本理念である「当事者の意思の尊重」を図るため、当事者参加を原則としています。つまり、当事者を中心にした検討や協議の場であることが重視されています。

支援調整会議の構成員

　支援調整会議の構成員は、地方公共団体の女性支援担当部局、他の関連部局、福祉事務所、女性相談支援センター、女性相談支援センターから一時保護の委託を受けている者をはじめとする民間団体、女性相談支援員、地域の女性自立支援施設、困難な問題を抱える女性に支援を提供している民間団体、配偶者暴力相談支援センター、児童相談所、性犯罪・性暴力被害者のためのワンストップ支援センター、支援に関係する福祉関係機関、就労支援機関など、必要に応じて幅広く適切な者を構成員とすることが想定されています。

　同会議では、当事者の個人情報の共有が必要であることが多々生じます。そのため、女性支援法では、構成員となる者（構成員であった者を含む）に対して罰則を伴う守秘義務を課すことによって、支援を必要とする女性の個人情報を含む情報を共有できることとしています。

支援調整会議の運営及び留意点

　上述したように支援調整会議の目的は多様であるため、運営に関しては段階に応じた３層構造の会議体が想定されています。

1　代表者会議：困難な問題を抱える女性への支援体制について、地域における全体像及び調整会議全体の評価等を行うもの。想定される主催者は、都道府県、あるいは市町村の担当課。想定される構成員は、関係機関・団

体の代表者。

2 実務者会議：個別ケースの定期的な状況確認や支援方針の見直し、支援対象者の実態把握等を行うもの。想定される主催者は、女性相談支援センター（都道府県）、女性相談支援員（市町村）。想定される構成員は、実際に活動する実務者。

3 個別ケース検討会議：一時保護が必要な場合や、女性自立支援施設への入所による自立支援が必要である場合、各種の社会福祉サービス等を組み合わせながら支援を行う必要がある場合等の個別ケースについて詳細な支援方針の議論を行うもの。想定される主催者は女性相談支援センター（都道府県）、女性相談支援員（市町村）。想定される構成員は、個別ケースの担当者等。当事者本人の健康状態が許さない場合等の例外を除き本人の参加を原則とする。

　基本方針では、このような3層構造での会議体が想定されていますが、地域の実情に応じ、柔軟な組織化が可能とされています。たとえば、都道府県・市町村が単独で、あるいは共同して支援調整会議を組織したり、他分野で開かれる関係機関の連携を図る会議と構成員が共通の場合、それぞれ議論すべき事項が適切に議論できるのであれば双方の会議を兼ねて開催したりすることなどが考えられます。また、関係者が支援調整会議の開催が必要と考える場合は、主催者に開催を要請することができるようにすることや、情報共有のための個別ケース検討会議を必要に応じて開催することなど、主催者には柔軟な対応が必要とされます。

実効性のある会議の開催のために

　支援調整会議は、女性支援の理念を具体化する地域ネットワークの場として期待されます。そのためには会議の開催や役割分担の調整を担当する機関（たとえば市町村については女性相談支援員とするなど）や、責任体制を明確にしておくことが必要です。地方公共団体には、女性支援に必要な施策を講ずる責務があります。地方公共団体の責任として、実効性のある会議の組織化・運営を図っていくことが求められます。

Q 20
女性支援法における今後の課題は何でしょうか？

戒能民江

　女性支援法は、「権利擁護の仕組みの構築及び支援の質を公正かつ適切に評価する仕組みの構築」について、公布（2022年）後3年を目途として検討すべきとしています（附則第2条）。2018年設置の「困難な問題を抱える女性支援のあり方検討会」では、従来の婦人保護事業に欠落していた「権利擁護」の仕組みや第三者評価制度の必要性が強く主張されましたが、結局、今後の検討課題に持ち越されたかたちです。いずれも旧婦人保護事業の閉鎖性と非透明性を打破し、人権保障を確実にするためには不可欠な制度です。その重要性に鑑み、施行3年後の法全体の見直しに先立って検討することとなりました。

　施行後の改正課題は山積していますが、ここでは、女性相談支援員の市町村への設置義務化、被害回復支援および売防法の見直しの3点に絞って説明します。

女性相談支援員の市町村への設置義務化

　女性相談支援員の市町村への設置について、女性支援法では従来の任意設置から努力義務へと改善されました（第11条）。女性の困難の多様化、複雑化、複合化を考えると、地域ネットワークによる包括的支援の重要性は明らかであり、地域ネットワークのコーディネータ役割を期待される女性相談支援員の市町村への配置は必須とならざるをえません。しかし現在、女性相談支援員の市町村への設置率は全国で5割程度に過ぎません。また、地方自治体の非正規公務員である会計年度任用職員制度の女性相談支援員への適用は、不安定な身分と低待遇を強いており、相談員としての経験の蓄積もままならない状況です。全国婦人相談員連絡協議会（女性相談支援員

の全国組織）の調査によれば、会員の9割近くが1年更新の会計年度任用職員であり、その8割近くがパートタイムとなっています。

女性支援法の下で、女性相談支援員は職務遂行能力と専門的な知識経験が求められています（第11条第3項）。また、国及び自治体は支援者の適切な待遇確保と研修実施などによる人材確保、養成、資質向上に努めるものとされています（第18条）。

新法下での女性支援を実効性あるものにするためには、研修などによる専門性の保障やスーパービジョンの機会確保、権限の明確化や母子父子自立支援員などとの兼務の廃止などとともに、女性相談支援員の複数員配置によって一人職場をなくすことや人口比配置基準を検討する必要があります。相談・支援業務の労働者性や専門性を十分保障しないまま「やりがい」に頼る現状を変えなければ、実効性のある女性支援は進みません。

被害からの回復支援の充実

女性支援法の立法過程で、支援機関からの要望が強かったのが「被害回復支援」の導入です。しかし新法では、「被害回復支援」ではなく、「心身の健康回復」と規定されました（第9条、第12条）。

女性支援法は、「困難な問題を抱えた女性」や困難に直面するおそれがあるすべての女性が、支援を望んでいるときに相談・支援を求めることができるように、管理主義的な支援のあり方を抜本的に見直しました。けれども、ネットでの検索はしても、実際に相談をしたことがある女性は相変わらず少ないのです。そこで、女性支援法では、相談しやすい環境整備が第一の課題となりました。といっても、女性たちが直面する困難は性被害やDV被害にとどまらず、貧困や孤立、差別や偏見など多岐にわたり、家庭生活や社会生活のなかでの生きづらさは、女性たちに深刻な影響を与えてきました。それにもかかわらず、従来の婦人保護事業では、被害からの回復支援のための資源や体制の整備は不十分だったのです。

支援現場からの切実な声に応えて、女性支援法の基本理念には「心身の健康回復支援」が書き込まれ、女性相談支援センターおよび女性自立支援

施設の業務として「心身の健康の回復のための、医学的・心理学的支援」が掲げられています。

　さらに、基本方針は、支援内容に「被害回復支援」を独立の項目として示しました。被害回復支援では、性被害やDV被害などのトラウマ（心の傷）治療のみならず、「差別や社会的排除等の経験に起因する困難や生きづらさ」からの「心身の健康の回復」も対象とし、回復までに時間がかかること、専門機関との連携が必要なことを指摘しています。公的支援機関の心理専門職配置の促進や精神科医との連携強化を進めなければなりません。また、「医学的・心理学的な援助」にとどまらず、「生活の中での被害回復に中長期的に寄り添い続ける」という指摘は重要です。

　「被害からの回復」には医療やカウンセリングとともに、困難を抱えることで奪われ、十分育まれてこなかった「生活する力」（生きる力や自尊心）を取り戻し、「人との距離の取り方を含めた人間関係の再構築」への支援が含まれます。そのためには、支援には経験値を含めた専門性が求められますし、安心・安全な環境と信頼できる人間関係が必要です。

　被害回復支援を進めるためには、短期型入所施設やステップハウスなどのアフターケア、在宅で利用できる通所施設など、多様なニーズに柔軟に対応できる支援メニューの検討が求められます。

売春防止法の改正に向けて

　中長期的課題として重要なのは売防法自体の改正です。売防法は、女性支援法制定により第3章「補導処分」および第4章「保護更生」は廃止・一部改正されましたが、第1章「総則」および第2章「刑事処分」はそのまま残されています。女性支援法の「脱売防法化」には限界があり、売防法の基幹部分には触れていません。また、第4章「保護更生」においても、婦人相談所、婦人相談員、婦人保護施設は名称を変更しながら、中核的な公的支援機関として存続します。

　今後、売防法をどうするかは、日本社会の女性の人権保障にとってきわめて重要です。

　一つは、買う側の法的責任が何ら問われないことです。売防法は、買春・売春の両方とも禁止しますが（第3条）、直接的な行為自体は処罰しません。売春の勧誘をした人（性別を問わず）および売春斡旋業者や売春を強要した人（親族を含む）だけが、売春を助長したとして処罰されます。

　第二に、売春を勧誘した人（性別問わず）が処罰されることです（第5条勧誘罪）。勧誘罪で起訴され有罪となったが執行猶予が付いた成人女性（だけ）が、婦人補導院に6カ月間収容保護されて「更生」指導を受ける「補導処分」制度は、女性支援法制定で廃止されましたが、勧誘罪は残ったままです。婦人補導院は全国で1カ所（東京都昭島市）ですが、毎年0～1名の入所実績にとどまり、管轄の法務省は廃止に踏み切りました。補導処分は刑事処分の一種であり、懲戒処分や保護具の使用、逃亡した際の連れ戻しの規定や、夜は独房に「収容」されるなど、「救済」のための婦人保護事業とは相反した仕組みであり、廃止せざるをえなかったのです。また、新法の「附則」では、改正前に補導処分とされた女性は、女性支援の対象となることを明記しています（附則第5条）。

　勧誘罪での検挙は年平均200名程度（全国）ですが、東京・大阪などの大都市では、2023年に入って急激に検挙件数が増えています。「立ちんぼ」という差別的な表現で、女性の一斉検挙が報道されており、問題です。女性たちはホストクラブでの「借金」支払いのために「客待ち」をしていると報道していますが、買春者や業者のことはほとんど触れませんし、女性たちの背景にある困難な問題は軽視しています。

　スウェーデンや韓国を参考に、人権の観点から、買春の処罰化と売春する女性の非処罰化および離脱を望む女性への支援など、抜本的な改正を行い、買春文化からの脱却を図らなければなりません。

困難な問題を抱える女性への支援に関する法律の概要

（作成・厚生労働省）

目的・定義【第1条・第2条】
売春を行うおそれのある女子の保護更生を行う売春防止法からの脱却

女性が日常生活又は社会生活を営むに当たり女性であることにより様々な困難な問題に直面することが多い

➡困難な問題を抱える女性の福祉の増進を図るため、困難な問題を抱える女性への支援のための施策を推進

⇨人権が尊重され、女性が安心して、かつ、自立して暮らせる社会の実現に寄与

*「困難な問題を抱える女性」とは、性的な被害、家庭の状況、地域社会との関係性その他の様々な事情により日常生活又は社会生活を円滑に営む上で困難な問題を抱える女性（そのおそれのある女性を含む）をいう

基本理念【第3条】

①困難な問題を抱える女性が、それぞれの意思が尊重されながら、抱えている問題・その背景、心身の状況等に応じた最適な支援を受けられるようにすることにより、その福祉が増進されるよう、発見、相談、心身の健康の回復のための援助、自立して生活するための援助等の多様な支援を包括的に提供する体制を整備すること

②支援が、関係機関及び民間団体の協働により、早期から切れ目なく実施されるようにすること

③人権の擁護を図るとともに、男女平等の実現に資することを旨とすること

○国・地方公共団体の責務【第4条】困難な問題を抱える女性への支援のために必要な施策を講ずる責務

○関連施策の活用【第5条】福祉、保健医療、労働、住まい及び教育に関する施策その他の関連施策の活用
○緊密な連携【第6条】①関係地方公共団体相互間の緊密な連携、②支援を行う機関と福祉事務所、児童相談所、児童福祉施設、保健所、医療機関、職業紹介機関、職業訓練機関、教育機関、都道府県警察、日本司法支援センター、配偶者暴力相談支援センターその他の関係機関との緊密な連携

基本方針・都道府県基本計画等【第7条・第8条】厚生労働大臣は基本方針を策定、都道府県は都道府県基本計画を策定、市町村は市町村基本計画の策定に努める

○女性相談支援センター【第9条】（←現行の「婦人相談所」を名称変更）
　⇨①対象女性の立場に立った相談、②一時保護（※）、③医学的・心理学的な援助、④自立して生活するための関連制度に関する情報提供等、⑤居住して保護を受けることができる施設の利用に関する情報提供等を行う
　＊支援対象者の抱えている問題及びその背景、心身の状況等を適切に把握した上で、その意向を踏まえ、最適に支援（※同伴児童の学習も支援。一時保護受託者の守秘義務・罰則も規定。）
○女性相談支援員【第11条】（←現行の「婦人相談員」を名称変更）
　⇨困難な問題を抱える女性の発見に努め、その立場に立って相談に応じ、専門的技術に基づいて必要な援助を行う
　＊必要な能力・専門的な知識経験を有する人材（婦人相談員を委嘱されていた者等）の登用に特に配慮
○女性自立支援施設【第12条】（←現行の「婦人保護施設」を名称変更）
　⇨困難な問題を抱える女性の意向を踏まえながら、入所・保護、医学的・心理学的な援助、自立の促進のための生活支援を行い、あわせて退所した者についての相談等を行う（同伴児童の学習・生活も支援）
○民間団体との協働による支援【第13条】（都道府県、市町村）
　⇨民間団体と協働して、その自主性を尊重しつつ、支援対象者の意向に留意しながら、訪問、巡回、居場所の提供、インターネットの活用、関係機関への同行等の方法により、発見、相談等の支援

支援調整会議【第 15 条】地方公共団体は、単独で又は共同して、支援を適切かつ円滑に行うため、関係機関、民間団体その他の関係者により構成される会議を組織するよう努め、会議は、必要な情報交換・支援内容に関する協議を行う（※構成員の守秘義務・罰則も規定）

○教育・啓発【第 16 条】①支援に関し国民の関心と理解を深める、②自己がかけがえのない個人であることについての意識の涵養を含め、女性が支援を適切に受けることができるようにする

○調査研究の推進【第 17 条】効果的な支援の方法、心身の健康の回復を図るための方法等

○人材の確保・養成・資質の向上【第 18 条】支援を行う者の適切な処遇の確保のための措置、研修の実施等

○民間団体に対する援助【第 19 条】

費用の支弁等【第 20 ～ 22 条】都道府県・市町村の支弁・補助／国の負担・補助（※民間団体に対する補助も明記）

施行期日等【附則】

1　施行期日　令和 6 年 4 月 1 日
2　検討　①支援を受ける者の権利擁護・支援の質の公正かつ適切な評価の
　　　　　　仕組みについて検討（公布後 3 年を目途）
　　　　　　②法律全体の見直し（施行後 3 年を目途）
3　関係法律の整備　売春防止法第 3 章（補導処分）・第 4 章（保護更生）の削除等

困難な問題を抱える女性への支援に関する法律（令和4年法律第52号：議員立法）のポイント

■女性をめぐる課題は生活困窮、性犯罪被害、性暴力、家庭関係破綻など複雑化、多様化、複合化。コロナ禍によりこうした課題が顕在化し、「孤独・孤立対策」といった視点も含め、新たな女性支援強化が喫緊の課題。

■こうした中、困難な問題を抱える女性支援の根拠法を「売春をなすおそれのある女子の保護更生」を目的とする売春防止法から脱却させ、先駆的な女性支援を実践する「民間団体との協働」といった視点も取り入れた新たな支援の枠組みを構築。

売春防止法

第1章 総則
（主な規定）
第1条 目的
第2条 定義
第3条 売春の禁止

第2章 刑事処分
（主な罰則）
第5条 勧誘等
第6条 周旋等
第11条 場所の提供
第12条 売春をさせる業

→ 存続

第3章 補導処分
（主な規定）
第17条 補導処分
第18条 補導処分の期間
第22条 収容

第4章 保護更生
（主な規定）
第34条 婦人相談所
第35条 婦人相談員
第36条 婦人保護施設
第38条 都道府県及び市の支弁
第40条 国の負担及び補助

→ 廃止

困難な問題を抱える女性への支援に関する法律（新法）（令和6年4月1日施行）

■目的・基本理念
＝「女性の福祉」「人権の尊重や擁護」「男女平等」といった視点を明確に規定。
※現行の売春防止法では、「売春をなすおそれのある女子に対する補導処分・保護更生」が目的。

■国・地方公共団体の責務
＝困難な問題を抱える女性への支援に必要な施策を講じる責務を明記。

■国の「基本方針」
※厚生労働大臣が告示で、困難な問題を抱える女性支援のための施策内容等

■都道府県基本計画等
→施策の実施内容

■教育・啓発
■人材の確保
■調査研究の推進
■民間団体援助

■支援調整会議（自治体）
→関係機関、民間団体で支援内容を協議する場。連携・協働した支援

女性自立支援施設（旧名：婦人保護施設）

女性相談支援員（旧名：婦人相談員）

女性相談支援センター（旧名：婦人相談所）

民間団体との「協働」による支援
■支援対象者の意向を勘案。訪問、巡回、居場所の提供、インターネットの活用等による支援
⇒官民連携・アウトリーチできめ細やかな支援

民間団体に対する補助規定創設

■国・自治体による支弁・負担・補助

（作成：厚生労働省）

困難な問題を抱える女性への支援に関する法律（女性支援法）

第1章　総則

（目的）

第1条　この法律は、女性が日常生活又は社会生活を営むに当たり女性であることにより様々な困難な問題に直面することが多いことに鑑み、困難な問題を抱える女性の福祉の増進を図るため、困難な問題を抱える女性への支援に関する必要な事項を定めることにより、困難な問題を抱える女性への支援のための施策を推進し、もって人権が尊重され、及び女性が安心して、かつ、自立して暮らせる社会の実現に寄与することを目的とする。

（定義）

第2条　この法律において「困難な問題を抱える女性」とは、性的な被害、家庭の状況、地域社会との関係性その他の様々な事情により日常生活又は社会生活を円滑に営む上で困難な問題を抱える女性（そのおそれのある女性を含む。）をいう。

（基本理念）

第3条　困難な問題を抱える女性への支援のための施策は、次に掲げる事項を基本理念として行われなければならない。

一　女性の抱える問題が多様化するとともに複合化し、そのために複雑化していることを踏まえ、困難な問題を抱える女性が、それぞれの意思が尊重されながら、抱えている問題及びその背景、心身の状況等に応じた最適な支援を受けられるようにすることにより、その福祉が増進されるよう、その発見、相談、心身の健康の回復のための援助、自立して生活するための援助等の多様な支援を包括的に提供する体制を整備すること。

二　困難な問題を抱える女性への支援が、関係機関及び民間の団体の協働により、早期から切れ目なく実施されるようにすること。

三　人権の擁護を図るとともに、男女平等の実現に資することを旨とすること。

（国及び地方公共団体の責務）

第4条　国及び地方公共団体は、前条の基本理念にのっとり、困難な問題を抱える女性への支援のために必要な施策を講ずる責務を有する。

（関連施策の活用）

第5条　国及び地方公共団体は、困難な問題を抱える女性への支援のための施策を講ずるに当たっては、必要に応じて福祉、保健医療、労働、住まい及び教育に関する施策その他の関連施策の活用が図られるよう努めなければならない。

（緊密な連携）

第6条　国及び地方公共団体は、困難な問題を抱える女性への支援のための施策を講ずるに当たっては、関係地方公共団体相互間の緊密な連携が図られるとともに、この法律に基づく支援を行う機関と福祉事務所（社会福祉法（昭和26年法律第45号）に規定する福祉に関する事務所をいう。）、児童相談所、児童福祉施設（児童福祉法（昭和22年法律第164号）第7条第1項に規定する児童福祉施設をいう。）、保健所、医療機関、職業紹介機関（労働施策の総合的な推進並びに労働者の雇用の安定及び職業生活の充実等に関する法律（昭和41年法律第132号）第2条に規定する職業紹介機関をいう。）、職業訓練機関、教育機関、都道府県警察、日本司法支援センター（総合法律支援法（平成16年法律第74号）第13条に規定する日本司法支援センターをいう。）、配偶者暴力相談支援センター（配偶者からの暴力の防止及び被害者の保護等に関する法律（平成13年法律第31号）第3条第1項に規定する配偶者暴力相談支援センターをいう。）その他の関係機関との緊密な連携が図られるよう配慮しなければならない。

　第2章　基本方針及び都道府県基本計画等

（基本方針）

第7条　厚生労働大臣は、困難な問題を抱える女性への支援のための施策に関する基本的な方針（以下「基本方針」という。）を定めなければならない。

2　基本方針においては、次に掲げる事項につき、次条第1項の都道府県基本計画及び同条第3項の市町村基本計画の指針となるべきものを定めるものとする。

一　困難な問題を抱える女性への支援に関する基本的な事項

二　困難な問題を抱える女性への支援のための施策の内容に関する事項

三　その他困難な問題を抱える女性への支援のための施策の実施に関する重要事項

3　厚生労働大臣は、基本方針を定め、又はこれを変更しようとするときは、あらかじめ、関係行政機関の長に協議しなければならない。

4　厚生労働大臣は、基本方針を定め、又はこれを変更したときは、遅滞なく、これを公表しなければならない。

（都道府県基本計画等）

第8条　都道府県は、基本方針に即して、当該都道府県における困難な問題を抱える女性への支援のための施策の実施に関する基本的な計画（以下この条において「都道府県基本計画」という。）を定めなければならない。

2　都道府県基本計画においては、次に掲げる事項を定めるものとする。

一　困難な問題を抱える女性への支援に関する基本的な方針

二　困難な問題を抱える女性への支援のための施策の実施内容に関する事項

三　その他困難な問題を抱える女性への支援のための施策の実施に関する重要事項

3　市町村（特別区を含む。以下同じ。）は、基本方針に即し、かつ、都道府県基本計画を勘案して、当該市町村における困難な問題を抱える女性への支援のための施策の実施に関する基本的な計画（以下この条において「市町村基本計画」という。）を定めるよう努めなければならない。

4　都道府県又は市町村は、都道府県基本計画又は市町村基本計画を定め、又は変更したときは、遅滞なく、これを公表しなければならない。

5　厚生労働大臣は、都道府県又は市町村に対し、都道府県基本計画又は市町村基本計画の作成のために必要な助言その他の援助を行うよう努めなければならない。

　第3章　女性相談支援センターによる支援等

（女性相談支援センター）

第9条　都道府県は、女性相談支援センターを設置しなければならない。

2　地方自治法（昭和22年法律第67号）第252条の19第1項の指定都市（以下「指定都市」という。）は、女性相談支援センターを設置することができる。

3　女性相談支援センターは、困難な問題を抱える女性への支援に関し、主として次に掲げる業務を行うものとする。

一　困難な問題を抱える女性に関する各般の問題について、困難な問題を抱える女性の立場に立って相談に応ずること又は第11条第1項に規定する女性相談支援員若しくは相談を行う機関を紹介すること。

二　困難な問題を抱える女性（困難な問題を抱える女性がその家族を同伴する場合にあっては、困難な問題を抱える女性及びその同伴する家族。次号から第5号まで及び第12条第1項において同じ。）の緊急時における安全の確保及び一時保護を行うこと。

三　困難な問題を抱える女性の心身の健康の回復を図るため、医学的又は心理学的な援助その他の必要な援助を行うこと。

四　困難な問題を抱える女性が自立して生活することを促進するため、就労の支援、住宅の確保、援護、児童の保育等に関する制度の利用等について、情報の提供、助言、関係機関との連絡調整その他の援助を行うこと。

五　困難な問題を抱える女性が居住して保護を受けることができる施設の利用について、情報の提供、助言、関係機関との連絡調整その他の援助を行うこと。

4　女性相談支援センターは、その業務を行うに当たっては、その支援の対象となる者の抱えている問題及びその背景、心身の状況等を適切に把握した上で、その者の意向を踏まえながら、最適な支援を行うものとする。

5　女性相談支援センターに、所長その他所要の職員を置く。

6　女性相談支援センターには、第3項第2号の一時保護を行う施設を設けなければならない。

7　第3項第2号の一時保護は、緊急に保護することが必要と認められる場合その他厚生労働省令で定める場合に、女性相談支援センターが、自ら行い、又は厚生労働大臣が定める基準を満たす者に委託して行うものとする。

8　前項の規定による委託を受けた者若しくはその役員若しくは職員又はこれらの者であった者は、正当な理由がなく、その委託を受けた業務に関して知り得た秘密を漏らしてはならない。

9　第3項第2号の一時保護に当たっては、その対象となる者が監護すべき児童を同伴する場合には、当該児童の状況に応じて、当該児童への学習に関する支援が行われるものとする。

10　女性相談支援センターは、その業務を行うに当たっては、必要に応じ、困難な問題を抱える女性への支援に関する活動を行う民間の団体との連携に努めるものとする。

11　前各項に定めるもののほか、女性相談支援センターに関し必要な事項は、政令で定める。

（女性相談支援センターの所長による報告等）

第10条　女性相談支援センターの所長は、困難な問題を抱える女性であって配偶者のないもの又はこれに準ずる事情にあるもの及びその者の監護すべき児童について、児童福祉法第6条の3第18項に規定する妊産婦等生活援助事業の実施又は同法第23条第2項に規定する母子保護の実施が適当であると認めたときは、これらの者を当該妊産婦等生活援助事業の実施又は当該母子保護の実施に係る都道府県又は市町村の長に報告し、又は通知しなければならない。

（女性相談支援員）

第11条　都道府県（女性相談支援センターを設置する指定都市を含む。第20条第1項（第4号から第6号までを除く。）並びに第22条第1項及び第2項第1号において同じ。）は、困難な問題を抱える女性について、その発見に努め、その立場に立って相談に応じ、及び専門的技術に基づいて必要な援助を行う職務に従事する職員（以下「女性相談支援員」という。）を置くものとする。

2　市町村（女性相談支援センターを設置する指定都市を除く。第20条第2項及び第22条第2項第2号において同じ。）は、女性相談支援員を置くよう努めるものとする。

3　女性相談支援員の任用に当たっては、その職務を行うのに必要な能力及び専門的な知識経験を有する人材の登用に特に配慮しなければならない。

（女性自立支援施設）

第12条　都道府県は、困難な問題を抱える女性を入所させて、その保護を行うとともに、その心身の健康の回復を図るための医学的又は心理学的な援助

を行い、及びその自立の促進のためにその生活を支援し、あわせて退所した者について相談その他の援助を行うこと（以下「自立支援」という。）を目的とする施設（以下「女性自立支援施設」という。）を設置することができる。

2　都道府県は、女性自立支援施設における自立支援を、その対象となる者の意向を踏まえながら、自ら行い、又は市町村、社会福祉法人その他適当と認める者に委託して行うことができる。

3　女性自立支援施設における自立支援に当たっては、その対象となる者が監護すべき児童を同伴する場合には、当該児童の状況に応じて、当該児童への学習及び生活に関する支援が行われるものとする。

（民間の団体との協働による支援）

第13条　都道府県は、困難な問題を抱える女性への支援に関する活動を行う民間の団体と協働して、その自主性を尊重しつつ、困難な問題を抱える女性について、その意向に留意しながら、訪問、巡回、居場所の提供、インターネットの活用、関係機関への同行その他の厚生労働省令で定める方法により、その発見、相談その他の支援に関する業務を行うものとする。

2　市町村は、困難な問題を抱える女性への支援に関する活動を行う民間の団体と協働して、その自主性を尊重しつつ、困難な問題を抱える女性について、その意向に留意しながら、前項の業務を行うことができる。

（民生委員等の協力）

第14条　民生委員法（昭和23年法律第198号）に定める民生委員、児童福祉法に定める児童委員、人権擁護委員法（昭和24年法律第139号）に定める人権擁護委員、保護司法（昭和25年法律第204号）に定める保護司及び更生保護事業法（平成7年法律第86号）に定める更生保護事業を営む者は、この法律の施行に関し、女性相談支援センター及び女性相談支援員に協力するものとする。

（支援調整会議）

第15条　地方公共団体は、単独で又は共同して、困難な問題を抱える女性への支援を適切かつ円滑に行うため、関係機関、第9条第7項又は第12条第2項の規定による委託を受けた者、困難な問題を抱える女性への支援に関する活動を行う民間の団体及び困難な問題を抱える女性への支援に従事する者そ

の他の関係者（以下この条において「関係機関等」という。）により構成される会議（以下この条において「支援調整会議」という。）を組織するよう努めるものとする。

2　支援調整会議は、困難な問題を抱える女性への支援を適切かつ円滑に行うために必要な情報の交換を行うとともに、困難な問題を抱える女性への支援の内容に関する協議を行うものとする。

3　支援調整会議は、前項に規定する情報の交換及び協議を行うため必要があると認めるときは、関係機関等に対し、資料又は情報の提供、意見の開陳その他必要な協力を求めることができる。

4　関係機関等は、前項の規定による求めがあった場合には、これに協力するよう努めるものとする。

5　次の各号に掲げる支援調整会議を構成する関係機関等の区分に従い、当該各号に定める者は、正当な理由がなく、支援調整会議の事務に関して知り得た秘密を漏らしてはならない。

一　国又は地方公共団体の機関　当該機関の職員又は職員であった者

二　法人　当該法人の役員若しくは職員又はこれらの者であった者

三　前二号に掲げる者以外の者　支援調整会議を構成する者又は当該者であった者

6　前各項に定めるもののほか、支援調整会議の組織及び運営に関し必要な事項は、支援調整会議が定める。

　第4章　雑則

（教育及び啓発）

第16条　国及び地方公共団体は、この法律に基づく困難な問題を抱える女性への支援に関し国民の関心と理解を深めるための教育及び啓発に努めるものとする。

2　国及び地方公共団体は、自己がかけがえのない個人であることについての意識の涵養（かんよう）に資する教育及び啓発を含め、女性が困難な問題を抱えた場合にこの法律に基づく支援を適切に受けることができるようにするための教育及び啓発に努めるものとする。

（調査研究の推進）

第17条　国及び地方公共団体は、困難な問題を抱える女性への支援に資するため、効果的な支援の方法、その心身の健康の回復を図るための方法等に関する調査研究の推進に努めるものとする。

（人材の確保等）

第18条　国及び地方公共団体は、困難な問題を抱える女性への支援に従事する者の適切な処遇の確保のための措置、研修の実施その他の措置を講ずることにより、困難な問題を抱える女性への支援に係る人材の確保、養成及び資質の向上を図るよう努めるものとする。

（民間の団体に対する援助）

第19条　国及び地方公共団体は、困難な問題を抱える女性への支援に関する活動を行う民間の団体に対し、必要な援助を行うよう努めるものとする。

（都道府県及び市町村の支弁）

第20条　都道府県は、次に掲げる費用（女性相談支援センターを設置する指定都市にあっては、第1号から第3号までに掲げる費用に限る。）を支弁しなければならない。

一　女性相談支援センターに要する費用（次号に掲げる費用を除く。）

二　女性相談支援センターが行う第9条第3項第2号の一時保護（同条第7項に規定する厚生労働大臣が定める基準を満たす者に委託して行う場合を含む。）及びこれに伴い必要な事務に要する費用

三　都道府県が置く女性相談支援員に要する費用

四　都道府県が設置する女性自立支援施設の設備に要する費用

五　都道府県が行う自立支援（市町村、社会福祉法人その他適当と認める者に委託して行う場合を含む。）及びこれに伴い必要な事務に要する費用

六　第13条第1項の規定により都道府県が自ら行い、又は民間の団体に委託して行う困難な問題を抱える女性への支援に要する費用

2　市町村は、市町村が置く女性相談支援員に要する費用を支弁しなければならない。

3　市町村は、第13条第2項の規定により市町村が自ら行い、又は民間の団体に委託して行う困難な問題を抱える女性への支援に要する費用を支弁しな

ければならない。

（都道府県等の補助）

第21条　都道府県は、社会福祉法人が設置する女性自立支援施設の設備に要する費用の4分の3以内を補助することができる。

2　都道府県又は市町村は、第13条第1項又は第2項の規定に基づく業務を行うに当たって、法令及び予算の範囲内において、困難な問題を抱える女性への支援に関する活動を行う民間の団体の当該活動に要する費用（前条第1項第6号の委託及び同条第3項の委託に係る委託費の対象となる費用を除く。）の全部又は一部を補助することができる。

（国の負担及び補助）

第22条　国は、政令で定めるところにより、都道府県が第20条第1項の規定により支弁した費用のうち、同項第1号及び第2号に掲げるものについては、その10分の5を負担するものとする。

2　国は、予算の範囲内において、次に掲げる費用の10分の5以内を補助することができる。

一　都道府県が第20条第1項の規定により支弁した費用のうち、同項第3号及び第5号に掲げるもの（女性相談支援センターを設置する指定都市にあっては、同項第3号に掲げるものに限る。）

二　市町村が第20条第2項の規定により支弁した費用

3　国は、予算の範囲内において、都道府県が第20条第1項の規定により支弁した費用のうち同項第6号に掲げるもの及び市町村が同条第3項の規定により支弁した費用並びに都道府県及び市町村が前条第2項の規定により補助した金額の全部又は一部を補助することができる。

第5章　罰則

第23条　第9条第8項又は第15条第5項の規定に違反して秘密を漏らした者は、1年以下の懲役又は50万円以下の罰金に処する。

附則抄

（施行期日）

第1条　この法律は、令和6年4月1日から施行する。ただし、次の各号に掲げる規定は、当該各号に定める日から施行する。

一　次条並びに附則第3条、第5条及び第38条の規定　公布の日

二　附則第34条の規定　この法律の公布の日又は児童福祉法等の一部を改正する法律（令和4年法律第66号）の公布の日のいずれか遅い日

三　略

四　附則第36条の規定　この法律の公布の日又は刑法等の一部を改正する法律の施行に伴う関係法律の整理等に関する法律（令和4年法律第68号）の公布の日のいずれか遅い日

（検討）

第2条　政府は、この法律の公布後3年を目途として、この法律に基づく支援を受ける者の権利を擁護する仕組みの構築及び当該支援の質を公正かつ適切に評価する仕組みの構築について検討を加え、その結果に基づいて所要の措置を講ずるものとする。

2　政府は、前項に定める事項のほか、この法律の施行後3年を目途として、この法律の施行の状況について検討を加え、必要があると認めるときは、その結果に基づいて所要の措置を講ずるものとする。

（準備行為）

第3条　厚生労働大臣は、この法律の施行の日（以下「施行日」という。）前においても、第7条第1項から第3項までの規定の例により、基本方針を定めることができる。この場合において、厚生労働大臣は、同条第4項の規定の例により、これを公表することができる。

2　前項の規定により定められ、公表された基本方針は、施行日において、第7条第1項から第3項までの規定により定められ、同条第4項の規定により公表された基本方針とみなす。

（婦人補導院法の廃止）

第10条　婦人補導院法は、廃止する。

（婦人補導院法の廃止に伴う経過措置）

第11条　旧婦人補導院法第12条の規定による手当金の支給及び旧婦人補導院法第19条の規定による遺留金品の措置については、なお従前の例による。

この場合において、これらに関する事務は、法務省令で定める法務省の職員が行うものとする。

（政令への委任）

第38条　この附則に定めるもののほか、この法律の施行に関し必要な経過措置は、政令で定める。

　　附則　（令和4年6月15日法律第66号）　抄

（施行期日）

第1条　この法律は、令和6年4月1日から施行する。ただし、次の各号に掲げる規定は、当該各号に定める日から施行する。

一　附則第7条、第8条及び第17条の規定　公布の日

（罰則に関する経過措置）

第16条　この法律の施行前にした行為に対する罰則の適用については、なお従前の例による。

（政令への委任）

第17条　附則第3条から前条までに規定するもののほか、この法律の施行に伴い必要な経過措置（罰則に関する経過措置を含む。）は、政令で定める。

　　附則　（令和4年6月17日法律第68号）　抄

（施行期日）

1　この法律は、刑法等一部改正法施行日から施行する。ただし、次の各号に掲げる規定は、当該各号に定める日から施行する。

一　第509条の規定　公布の日

全国の女性相談支援センター（旧婦人相談所）
電話番号一覧（2021年6月1日現在）

北海道立女性相談援助センター　011-661-3099

青森県女性相談所　017-781-2000

岩手県福祉総合相談センター　019-629-9610

宮城県女性相談センター　022-256-5203

秋田県女性相談所　018-832-2534

山形県女性相談センター　023-627-1196

福島県女性のための相談支援センター　024-522-1010

茨城県女性相談センター　029-221-4166

栃木県とちぎ男女共同参画センター　028-665-8720

群馬県女性相談所　027-261-7838

埼玉県婦人相談センター　048-863-6060

千葉県女性サポートセンター　043-206-8001

東京都女性相談センター　03-5261-3110

東京都女性相談センター　多摩支所　042-522-4232

神奈川県立女性相談所　045-210-3640

新潟県女性福祉相談所　025-381-1111

富山県女性相談センター　076-465-6722

石川県女性相談支援センター　076-223-8655

福井県総合福祉相談所　0776-24-6261

山梨県女性相談所　055-254-8633

長野県女性相談センター　026-235-5710

岐阜県女性相談センター　058-213-2131

静岡県女性相談センター　054-286-9238

愛知県女性相談センター　052-962-2527

三重県女性相談所　059-231-5600

滋賀県中央子ども家庭相談センター　077-564-7867

京都府家庭支援総合センター　075-531-9607

大阪府女性相談センター　06-6949-6022

兵庫県女性家庭センター　078-732-7700

奈良県中央こども家庭相談センター　0742-22-4083

和歌山県子ども・女性・障害者相談センター　073-447-0004

鳥取県福祉相談センター　0857-23-6215

島根県女性相談センター　0852-25-8161

島根県女性相談センター西部分室　0854-84-5591

岡山県女性相談所　086-235-4808

広島県西部こども家庭センター　082-254-0391

山口県男女共同参画相談センター　083-901-1123

徳島県中央こども女性相談センター　088-652-5503

徳島県南部こども女性相談センター　0884-24-7115

徳島県西部こども女性相談センター　0883-56-2109

香川県子ども女性相談センター　087-862-8861

愛媛県福祉総合支援センター　089-927-1626

高知県女性相談支援センター　088-833-0783

福岡県女性相談所　092-584-1266

佐賀県婦人相談所　0952-26-1212

長崎こども・女性・障害者支援センター　095-846-0560

熊本県女性相談センター　096-381-4454

大分県婦人相談所　097-544-3900

宮崎県女性相談所　0985-22-3858

鹿児島県女性相談センター　099-222-1467

沖縄県女性相談所　098-854-1172

理解を深めるための参考図書（書店以外で購入可能なものは URL を示した）

竹信三恵子『女性不況サバイバル』岩波新書 2023

土屋葉編著『障害があり女性であること——生活史からみる生きづらさ』現代書館 2023

ぱっぷす編『ポルノ被害の声を聞く——デジタル性暴力と #MeToo』岩波書店 2022

仁藤夢乃編著『当たり前の日常を手に入れるために——性搾取社会を生きる私たちの闘い』影書房 2022

全国婦人相談員連絡協議会編・発行『婦人相談員の歴史〜婦人保護事業と共に』2021

https://zenfusou.jp/2750821490259453118526360.html

ピッコラーレ編・発行『妊娠葛藤白書——にんしん SOS 東京の現場から 2015-2019』2021

https://piccolare.shop/

佐藤拓代編著『見えない妊娠クライシス——誰にも言えない妊娠に悩む女性を社会で支える』かもがわ出版 2021

上林陽治『非正規公務員のリアル——欺瞞の会計年度任用職員制度』日本評論社 2021

飯島裕子『ルポ コロナ禍で追いつめられる女性たち——深まる孤立と貧困』光文社新書 2021

一般社団法人社会的包摂サポートセンター編『DV・性暴力被害者を支えるためのはじめての SNS 相談』明石書店 2021

戒能民江・堀千鶴子『婦人保護事業から女性支援法へ——困難に直面する女性を支える』信山社新書 2020

竹信三恵子・戒能民江・瀬山紀子編『官製ワーキングプアの女性たち——あなたを支える人たちのリアル』岩波ブックレット 2020

中島かおり『漂流女子——にんしん SOS 東京の相談現場から』朝日新書 2017

上間陽子『裸足で逃げる——沖縄の夜の街の少女たち』太田出版 2017

北原みのり責任編集『日本のフェミニズム——since 1886 性の戦い編』河出
　書房新社 2017

松本伊智朗編『「子どもの貧困」を問いなおす——家族・ジェンダーの視点から』
　法律文化社 2017

小林昌之編『アジア諸国の女性障害者と複合差別——人権確立の観点から』
　日本貿易振興機構アジア経済研究所 2017

橘ジュン『最下層女子校生——無関心社会の罪』小学館新書 2016

宮本節子『AV 出演を強要された彼女たち』ちくま新書 2016

小杉礼子・宮本みち子編著『下層化する女性たち——労働と家庭からの排除
　と貧困』勁草書房 2015

仁藤夢乃『女子高生の裏社会——「関係性の貧困」に生きる少女たち』光文
　社新書 2014

NHK「女性の貧困」取材班著『女性たちの貧困——"新たな連鎖"の衝撃』
　幻冬舎 2014

赤石千衣子『ひとり親家庭』岩波新書 2014

仁藤夢乃『難民高校生——絶望社会を生き抜く「私たち」のリアル』英治出
　版 2013

戒能民江編著『危機をのりこえる女たち DV 法 10 年、支援の新地平へ』信山
　社 2013

角田由紀子『性と法律——変わったこと、変えたいこと』岩波新書 2013

ポルノ被害と性暴力を考える会編『森美術館問題と性暴力表現』不磨書房
　2013

唯川恵『手のひらの砂漠』集英社 2013

大阪弁護士会編『貧困の実態とこれからの日本社会——子ども・女性・犯罪・
　障害者、そして人権』明石書店 2011

橘ジュン『漂流少女——夜の街に居場所を求めて』太郎次郎社エディタス
　2010

ポルノ被害と性暴力を考える会編『証言・現代の性暴力とポルノ被害——研
　究と福祉の現場から』東京都社会福祉協議会 2010

上岡陽江・大嶋栄子『その後の不自由——「嵐」のあとを生きる人たち』医

学書院 2010

村本邦子「支援者支援という対人援助の可能性——女性支援構築のための婦人相談員研修の実践から」望月昭ほか編『対人援助学の可能性「助ける科学」の創造と展開』福村出版 2010

落合晴江『もうひとつの女性哀史——繁華街の片隅で生きた外国人女性たちの記録』角川学芸出版角川出版企画センター 2010

宮下忠子『赤いコートの女——東京女性ホームレス物語』明石書店 2008

須藤八千代・湯沢直美・土井良多江子・影山ゆみ子『相談の理論化と実践——相談の女性学から女性支援へ』新水社 2005

伊藤智佳子『女性障害者とジェンダー』一橋出版 2004

執筆者一覧（50音順）

井上エリコ　いのうえ えりこ　NPO法人ぱっぷすスタッフ
遠藤良子　えんどう よしこ　NPO法人くにたち夢ファーム Jikka 代表
大谷恭子　おおたに きょうこ　一般社団法人若草プロジェクト代表理事、弁護士
金尻カズナ　かなじり かずな　NPO法人ぱっぷす理事長
北仲千里　きたなか ちさと　広島大学ハラスメント相談室
熊谷真弓　くまがい まゆみ　社会福祉法人慈愛会慈愛寮施設長
栗原ちゆき　くりはら ちゆき　神奈川県民生福祉協会理事、社会福祉士
橘ジュン　たちばな じゅん　特定非営利活動法人 BOND プロジェクト代表
月宮広二　つきみや こうじ　北海道札幌市子ども未来局子ども育成部子ども企画課長
中島かおり　なかじま かおり　認定NPO法人ピッコラーレ代表理事、助産師
仁藤夢乃　にとう ゆめの　一般社団法人 Colabo 代表
松本周子　まつもと しゅうこ　熊本県水俣市福祉課女性相談員
吉田徳史　よしだ のりふみ　東京都国立市政策経営部市長室長

編著者

戒能民江　かいのうたみえ
お茶の水女子大学名誉教授。専門はジェンダー法学、ジェンダーに基づく暴力研究。厚生労働省「困難な問題を抱える女性への支援に係る基本方針等に関する有識者会議」座長。

堀 千鶴子　ほりちづこ
城西国際大学教授。専門は社会福祉学、女性支援事業・女性福祉研究。厚生労働省「困難な問題を抱える女性への支援に係る基本方針等に関する有識者会議」構成員。

困難を抱える女性を支える Q&A
女性支援法をどう活かすか

2024年3月15日　初版第1刷発行

編著者　戒能民江・堀 千鶴子 ©

発　行　株式会社 解放出版社
　　　　552-0001 大阪市港区波除4-1-37 HRCビル3階
　　　　電話 06-6581-8542　FAX 06-6581-8552
　　　　東京事務所
　　　　113-0033 文京区本郷1-28-36 鳳明ビル102A
　　　　電話 03-5213-4771　FAX 03-5213-4777
　　　　郵便振替 00900-4-75417　HP https://www.kaihou-s.com/
装　丁　森本良成
本文レイアウト　伊原秀夫
印　刷　株式会社太洋社

ISBN978-4-7592-6815-7　NDC360　134P　21cm
定価はカバーに表示しています。落丁・乱丁はお取り換えします。

障害などの理由で印刷媒体による本書のご利用が困難な方へ

　本書の内容を、点訳データ、音読データ、拡大写本データなどに複製することを認めます。ただし、営利を目的とする場合はこのかぎりではありません。

　また、本書をご購入いただいた方のうち、障害などのために本書を読めない方に、テキストデータを提供いたします。

　ご希望の方は、下記のテキストデータ引換券（コピー不可）を同封し、住所、氏名、メールアドレス、電話番号をご記入のうえ、下記までお申し込みください。メールの添付ファイルでテキストデータを送ります。

　なお、データはテキストのみで、写真などは含まれません。

　第三者への貸与、配信、ネット上での公開などは著作権法で禁止されていますのでご留意をお願いいたします。

あて先
〒552-0001 大阪市港区波除4-1-37 HRCビル3F 解放出版社
　　　テキストデータ係